Gabriele Reiß
Geliebter Fluss

Gabriele Reiß

Geliebter Fluss
- Mes char En -

Von Passau nach Maloja,
eine Reise fürs Leben.

Bibliografische Information der Deutschen National-bibliothek:
Die Deutsche Nationalbibliothek verzeichnet diese Publikation in der Deutschen Nationalbibliografie; detaillierte bibliografische Daten sind im Internet über http://dnb.dnb.de abrufbar.

© 2018 Gabriele Reiß

Cover-Grafik: Julian Reiß
Inn-Skizze: Gabriele Reiß
Cover- u. Buchblock-Aquarelle: Renate Wellers
Reproduktionen: Fräulein.Schmu Fotografie
Herstellung und Verlag: BoD – Books on Demand, Norderstedt

ISBN 978-3-7528-7150-0

Für alle,
die jemals die Sehnsucht spürten,
die das Innenleben eines Buches
in ihnen zu wecken vermochte

‚Ja', sprach Vasudeva, ‚es ist doch dieses, was du meinst: dass der Fluss überall zugleich ist, am Ursprung und an der Mündung, am Wasserfall, an der Fähre, an der Stromschnelle, im Meer und im Gebirge, überall zugleich, und dass es für ihn nur Gegenwart gibt, nicht den Schatten Vergangenheit, nicht den Schatten Zukunft?'

‚Dies ist es', antwortete Siddhartha, ‚und als ich es gelernt hatte, da sah ich mein Leben an, und es war auch ein Fluss...'.

Aus ‚Siddhartha', Hermann Hesse, 1922

Passau

Dichte Wolken bis zum Horizont, schmutziggrau, regenschwer - die Stadt ertrinkt, und falls ich es nicht zu verhindern weiß, auch mein Traum vom Aufbruch und von der Freiheit. Aber wäre dieser Traum nicht auch bei Sonnenschein zum Untergehen verdammt? Weil das, was ich zu tun beabsichtige, eine Spinnerei ist? Vielleicht ist mir einfach nur der Blick für die Realität abhanden gekommen, indem ich alten Sehnsüchten nachhänge und mich grenzenlos überschätze.

Was also will ich hier? Das Wetter ist schlecht, ich bin erkältet, Schnupfen, Husten, das Übliche halt. Gestern, am Anreisetag, kam noch ein Harnweginfekt dazu, seit ich über die Sechzig gegangen bin, habe ich eine lästige Anfälligkeit dafür entwickelt. Und, statt mich der Vorfreude hinzugeben, sitze ich nun hier in meinem Pensionszimmer, tue nichts weiter, außer gebetsmühlenartig über den nächsten Gang zur Toilette nachzudenken. Am besten wäre es, ich führe wieder heim.

Kein guter Stern steht über diesem Vorhaben.

Vor zwei Jahren war ich bereits hier - mit Wanderstiefeln. Am Inn entlang hatte ich gehen wollen, bis zu seinem Ursprung bei Maloja - stolze fünfhundertfünfzig Kilometer. Nach vierzig war der Spaß vorbei. Mit ausgefranstem Innenmeniskus und Kniearthrose ist eine Fernwanderung bis weit in die Alpen hinein nun mal ein Ding der Un-möglichkeit, selbst dann, wenn man es glühend will. Das war's, für meine blinde Liebe hatte ich bitteres Lehrgeld bezahlt.

Die Sehnsucht indessen blieb. Irgendetwas zog mich mit Macht, ich konnte die Idee nicht aufge-ben. Nachdem dann der Meniskus operiert war, reifte der Plan eines zweiten Versuchs in mir he-ran. Und jetzt bin ich wieder hier - diesmal mit einem Fahrrad.

Die Sache hat allerdings ein paar Haken. Erstens habe ich keine Erfahrung mit dem Langstrecken-radeln. Zweitens werde ich jeden Tag eine Bleibe finden müssen, weil die Länge der Etappen unge-wiss ist, besonders derer, die Steigungen enthal-ten, so dass ich nur die ersten beiden Quartiere vorgebucht habe. Dann gibt es noch einen drit-ten Haken, den ich bewusst in Kauf nehmen will, obwohl er mir vermutlich das Leben schwer ma-chen wird. Dazu später mehr.

Vor mir liegen zwei Papierstapel. Der eine ent-hält zusammengestellte Informationen zum Inn, Lesestoff für die Abendstunden, der andere drei-ßig Teilstreckenkarten, die mir unterwegs Orien-tierung geben sollen.

Langsam sehe ich mir Blatt für Blatt noch einmal an. Über alle zieht sich das blaue Band des Flus-ses, mal gerade, mal verschlungen. Auf den letz-ten Karten, denen der Schweiz, ist das Band nur ein Fädchen. Beidseits des Flusses sind gefühlte tausend Wege verzeichnet, Bahnlinien, Straßen, Autobahnen, Abzweige, Kreuzungen und beunruhigend viele Höhenlinien - wie soll ich das jemals schaffen? Warum fahre ich nicht ans Meer, trinke mit gut aufgelegten Menschen Caipirinhas an Strandbars und lasse die Seele baumeln? Warum will ich etwas tun, das mir so viel Kraft abverlangen wird? Ja, warum?

Weil ich es so wahnsinnig gerne möchte.

Ich habe ein paar Stunden verschlafen. Das erste, was ich beim Aufwachen wahrnehme, ist der Regen, wie er eintönig auf die Schrägfenster meines Dachzimmers prasselt, das zweite ist meine Blase, die mich wieder zur Toilette treibt.

Plötzlich weiß ich, was zu tun ist, die Lösung ist ganz einfach: Ich werde in Passau bleiben, solange, wie es sein muss. Das Blatt wird sich irgendwann wenden, diesen Tag warte ich ab. Und ehe mir die Decke ganz auf den Kopf fällt, kleide ich mich an, leihe an der Rezeption einen Schirm aus und verlasse das Haus.

Als erstes hole ich die Wetterprognose ein. Dieser Juli sei bisher zu kalt gewesen, es habe viel geregnet, erzählt man, aber morgen könne man mit leichter Besserung rechnen, zum Glück, Donau und Inn stehen hoch… Sollte der große Tag schneller nahen, als erhofft?

Danach gehe ich die Straßen hinab zur Donau. Ihr Wasser reicht bis eine Handbreit unter die Uferkante. Die Drei-Flüsse-Stadt lebt gefährlich, im spitzen Winkel des Zusammentreffens von Inn und Donau schwebt nicht selten das Damoklesschwert eines Hochwassers über ihr.

Ich schlendere weiter zur Spitze der Landzunge, die sich wie ein Schiffsbug in die Mündungszone schiebt. Von rechts rauscht er heran, der wilde Fluss aus den Bergen, den man zähmte und der doch unberechenbar geblieben ist; hier drängt er sich an die Donau, führt ihr im Frühjahr größere Wassermassen zu, als sie selber transportiert. Ein Mündungssee, in dem sich bei klarer Witterung scharf die Farbgrenze abzeichnet: blau die Donau, grün der Inn, die Luftperspektive ist beeindruckend. Heute zeigt sich kein Unterschied, erkennt man nicht, dass der mächtige Alpenfluss die Donau regelrecht überströmt.

Und dann wäre da noch die Ilz, die neben dem Spektakel der großen Flüsse wenig Aufmerksamkeit erregt. Das einst von Dreck geplagte, später gerettete, Flüsschen aus dem Bayrischen Wald führt sein schwarzes Moorwasser linksseitig in die Donau.

Da ich auf keinen Fall ins Haus möchte, setze ich mich auf die überdachte Terrasse eines Gasthofs, neben die Glassäule eines Gasheizers. Der Kellner bringt heißen Tee und zwei Decken, wovon ich eine um den Leib wickle, die andere als Sitzkissen benutze. Wirklich warm sind nur die Füße, die sich daran gewöhnt haben, in den Barfuß-Boots ständig und rundum in Bewegung zu sein. Vor eineinhalb Jahren hatte ich das erstaunliche Schuhwerk getestet, den ‚Schritt zurück zur Natur' probiert. Seitdem habe ich mir die Fußgelenke nicht mehr verstaucht, was zuvor alle paar Monate passiert war.

Da sitze ich und bin - von den Füßen abgesehen - eine ziemlich angeschlagene Möchtegern-Abenteuerin. Gut ist, dass ich weder Fieber noch Gliederschmerzen habe. Trotzdem will ich mir nichts vormachen, die Zystitis wird nicht von selbst verschwinden. Sie verlangt nach einem Antibiotikum und ich werde einen Arzt aufsuchen müssen.

Regen in Passau

Von Passau nach Schärding

In der Nacht habe ich wenig geschlafen, meistens wach dagelegen und auf den Regen gelauscht, wie er trommelte und trommelte. Jetzt ist es still, sehr still. Und hell.

Licht flutet ins Zimmer!

Ich stehe auf, gehe zum Fenster, öffne es. Prickelnde Luft kitzelt mein bettwarmes Gesicht. Im Innenhof glänzen die Pflastersteine in der Morgensonne, darüber schwingen die vom Regen befreiten Zweige der Bäume im Wind und zwischen lockeren Wolken blitzt der klare Himmel hervor.

Das Wetter hat die Karten neu gemischt! Bleibt noch der Arztbesuch, Illustrierte blättern im Wartezimmer, wenn ich Pech habe, stundenlang.

Will ich das? Kann ich das?

Alles in mir schreit nach Aufbruch. Zum Doktor gehe ich später.

Um neun trete ich mit zwei Satteltaschen und einem Rucksack vor die Tür. Im Bogendurchgang zum Haus wartet Lupina... der dritte Haken.

Schon von Ferne hebt sich das Fahrrad aus der Gruppe der niedrigen Sporträder, die dort parken, heraus. Das Gestänge, schön geschwungen und blau wie Van Goghs ‚Sternennacht‘, ist mit lila- und rosafarbenen Blumen handbemalt, der Sattel ist eine himmelblaue Wohltat fürs Gesäß, der Lenker extra breit und alles zusammen, ich will es nicht leugnen, die Schnapsidee einer Tagträumerin. Auf diesem Schmuckstück möchte ich ins Gebirge radeln, mit Drei-Gang-Schaltung und Rücktrittbremse, wie es mir von Kindheit an vertraut ist. Vertrautheit gibt Sicherheit - den Umgang mit einem Sportbike hätte ich über einen langen Zeitraum üben müssen, wozu ich schlichtweg keine Lust hatte.

Abgesehen davon, wird mein Hollandrad einen Vorteil bieten, der aus meiner Sicht jedes Gegenargument entkräftet. Kein anderes Fahrzeug - außer einer Pferdekutsche - ist in der Lage, diesen großen Aspekt des Wanderns zu ersetzen: das aufmerksame Wahrnehmen. Mit der aufrechten Sitzhaltung werde ich Fluss und Landschaften im Detail genießen können. Zudem habe ich vor, mich treiben zu lassen - ich will nicht mehr hasten, ich kann nicht mehr hasten und ich brauche es auch nicht mehr. Zeit ist meine Stärke, der Luxus einer Rentnerin, die keine Eile mehr hat - dafür ist das Niederland-Fahrrad prädestiniert.

Bei allen Vorzügen, die es hat, bin ich mir der Probleme, die es mir einbringen wird, bewusst.

Trotz des Aluminiumgestänges wiegt es viel, aus Rücksicht auf den Rücken darf ich es nicht tragen. Ein männlicher Mitreisender hatte Mühe, es in der Bahn mit dem Vorderrad am Deckenhaken aufzuhängen. Es zu zweit heben geht in Ordnung, so dass ich nur hoffen kann, überall, wo ich unterwegs Hilfe brauche, sie auch zu finden.

Dass das Fahrrad nur eingeschränkt für hügeliges und für bergiges Gelände gar nicht geeignet ist, stellt natürlich die größte Schwierigkeit dar. Immerhin plane ich ja, stromaufwärts zu fahren, weit in die Alpen vorzudringen. Ich werde oft schieben müssen, das ist mir klar.

Was also werden mich diese Reise und dieser Fluss lehren? Wie weit ist die Idee von der Realität entfernt? Werde ich ein zweites Mal auf die Nase fallen oder wird dieses Vorhaben gelingen und mir Glück bringen? Hermann Hesse sagte, dass gegen den Strom schwimmen muss, wer zur Quelle will. Und das war es, was mich daheim bewegte, als ich diese Reise vorbereitete: Ich wollte zum Ursprung, zur Wiege, hatte von Anfang an das Gefühl, dort den eigentlichen Höhepunkt des Flusses zu finden, und ich war bereit, offenen Auges und offenen Herzens zu reisen, in die Engadiner Kinderstube des Inn, in den ‚Garten des En'.

Donnerstag, der erste Tag.

Heute werde ich, um mich zu schonen und ans Radeln zu gewöhnen, nur zwei Stunden fahren, und zwar bis Schärding, beziehungsweise St. Florian. Dort möchte ich mich mit Wolfgang und Anni treffen, die ich, sozusagen am Wegrand, während meiner missglückten Reise kennenge-

17

lernt hatte. Starten will ich an der Bugspitze, an der Mündung des Inn.

Der Wasserstand ist erneut geklettert, vom berühmten Inn-Grün und Donau-Blau sehe ich auch jetzt nichts. Auf den hochschwappenden Wellen des Mündungssees spielt das Sonnenlicht, was die Bedrohlichkeit des Bildes mildert. Ich schließe die Augen, nehme den Anblick dieses besonderen Ortes in mein Bewusstsein auf, versuche mir den Inn vorzustellen, wie er als Bach einen Berg hinunterstürzt.

Werde ich je an diese Stelle in den Schweizer Alpen gelangen? Wie unwahrscheinlich mir das scheint! Doch habe ich nicht schon des Öfteren ,Unmögliches' versucht und am Ende geschafft? Es gibt Zeiten, in denen man sich einfach nur in Bewegung setzen muss. Alles fängt doch mit einem ersten Schritt an oder, wie in diesem Fall, mit dem Treten eines Pedals.

Und so verabschiede ich mich von der Donau und mache mich auf den Weg zum Ursprung des Inn.

Der Weg ist überspült. Fasziniert starre ich auf die Bescherung zu meinen Füßen. Die Wellen des Inn rücken vor wie die Flut an der See. Der Fuß- und Radweg, der hier um ein Türmchen führt, war gestern trocken gewesen, nun steht er knietief unter Wasser, das nicht nur die Farbe, auch die Konsistenz von Milchkaffee hat.

Zurück in die Straßen Passaus.

Eine Weile dauert es, dann habe ich die überspülte Passage umfahren. Die Bahn ist frei, der Weg verläuft jetzt über einen Damm.

Und da fühle ich es: das Freiheitsgefühl des Aufbruchs. So kenne ich es von meinen Wandertouren, nichts vermag mich mehr zu motivieren. Ich schaue auf den Vorderreifen, wie er rollt und der Staub des Weges daran haftet, höre, wie es darunter knirscht. Das Reifenblech wippt, das Fahrrad schnurrt - ein Geräusch, das mich von nun an begleiten wird. In diesem Moment frage ich nicht danach, ob ich an mein Ziel gelangen werde. Dieses Rollen, Pedaltreten und Getragenwerden genügt mir.

Nah am Wasser, auf und nieder über kleine Hügel windet sich der Weg, ab und zu begegne ich Spaziergängern mit Hunden und jungen Joggerinnen mit Kopfhörern; Passau ist Universitätsstadt.

Dann vollzieht der Fluss eine Kurve, prescht jedoch heran, als solle es weiter geradeaus gehen, prallt gegen die Uferbäume, umspült sie, gluckert im Strauchwerk und ist im Übrigen ein lautstarker Geselle, der alles andere übertönt. An diese Geräuschkulisse muss ich mich gewöhnen, auch an das Respekt einflößende, reißende Wasser. So hoch es steht, wird es aber den Dammweg in Ruhe lassen und ich darf mich in meiner erhöhten Position sicher fühlen.

Beim ersten Kraftwerk wechsele ich die Seite, fahre hinüber ins Bundesland Oberösterreich. Ab hier ist der Inn ein Grenzfluss.

Auf der Kraftwerksbrücke muss ich das Rad schieben, was mir Gelegenheit gibt, mich in die Fluten starrend zu gruseln. Unruhig wogend lässt sich der Fluss auf der heran strömenden Seite stauen, mit Höllenlärm stürzt er sich auf der anderen Seite hinab.

Neben dem Weg verläuft die Bahnlinie, ein Zug naht von hinten, zischt vorbei und schon bald sehe ich ihn nicht mehr. Der Abstand zum Inn ist nun größer, zwischen uns ein Streifen Wald, dahinter höre ich ihn brausen. Leute treffe ich gelegentlich als Radfahrer.

Die Flussbreite verringert sich drastisch. Der Inn muss sich hier durch ein enges Erosionstal pressen, an seiner rechten Seite ragen Reste des böhmischen Granitmassivs auf. So bleibt es, bis er vor Wernstein über mehr Platz verfügt.

Später zwingt ihn der Fels erneut in eine schmale Passage. Entsprechend heftig drängt er voran und reißt mit, was seiner Gewalt nicht standhalten kann.

Für mich geht es abwechslungsreich durch Wiesen, Wald und Felder, mitunter so nah am Inn, dass mir mulmig ist. Ein zu großer unkontrollierter Schwenker könnte mich mitsamt Fahrrad in den Strom befördern. Also konzentriert bleiben, von ‚lässig‘ bin ich noch weit entfernt.

Hinter dem Dorf Vornbach zeigt der Inn ein anderes Gesicht. Hier hat er sich zu einem See ausdehnen dürfen, mit natürlichen Ufern und einer Insel, die in seinen Armen schwimmt. Kein Drängen, kein Lärmen, friedliche Ruhe liegt über der Flusslandschaft, während die Strömung fast lautlos, aber unverändert mächtig vorbeizieht.

Nach einem zweiten Frühstück an einer der idyllischen Buchten setze ich die Reise fort, bis in der Ferne der Kirchturm Schärdings auftaucht. Schon bald rolle ich in das Barockstädtchen ein und freue mich über den Anblick farbenfroher Bürgerhausfassaden. Das Zimmer, das ich hier beziehen werde, ist reserviert. Diese Bequemlichkeit wird es ab Morgen nicht mehr geben.

Wie ich nun sehe, habe ich meine Quartierwahl mit glücklicher Hand getroffen, das Haus ist ein halbes Jahrtausend alt und ein historisches Juwel. In Dachgeschosshöhe hat es ein angedeutetes Erkertürmchen, im Inneren tadellos in Stand gesetzte Gewölbe. Zwischen Gebäude und Inn befindet sich nur die Promenade für Fußgänger und Radfahrer. Aus meinem Fenster blicke ich zu allen Seiten auf das Wasser des Stroms. Eine betagte Steinbrücke führt hinüber nach Neuhaus, respektive Deutschland. Der Inn ist hier dreihundert Meter breit.

Als es noch keine Kraftwerke gab, stellte er, insbesondere für den Salztransport, eine wichtige Handelsroute dar. Von diesem einst so regen Schiffsverkehr sind nur noch sogenannte Plätten übriggeblieben, die dem Tourismus und Freizeitvergnügen dienen. Diese Holzschiffe sind dem Prinzip nach überdachte Flöße und haben wegen des stark schwankenden Wasserstandes keinen Kiel. Ihre Elektromotoren arbeiten so leise, dass sie fast lautlos über das Wasser gleiten, wie zu der Zeit, als sie von beiden Ufern aus von Pferdegespannen stromaufwärts gezogen wurden.

Meine Gastgeber, Friedrich und Maria, haben das uralte Haus in mühevoller Arbeit restauriert, umgebaut und den Charakter des Gebäudes dabei bewahrt. Im weißgetünchten Flur gibt es einen Restbestand fugenloser Bodenfliesen. Dort entdecke ich eine alte, handgefertigte Puppenstube. Die Detailarbeit ist bewundernswert filigran und bezaubernd. Ich hole mir die Erlaubnis, ein wenig mit dieser Kostbarkeit zu ‚spielen‘, ziehe die winzigen Schubläden auf, öffne Schränke und Truhendeckel, betrachte die Häkeldeckchen und Gardinen, streiche mit dem Finger über das geblümte Sofa. Architekt und Künstler war der Großvater Marias, die Häkel- und Stoffarbeiten hatten die Hände der Großmutter geschaffen.

Vor dem Haus fährt Wolfgang vor, um mich abzuholen und nach St. Florian zu bringen, wo Anni mit Kaffee und Kuchen wartet. Unseren am Inn lose geknüpften Kontakt haben wir via Email aufrecht erhalten. Die beiden wissen um mein Ringen mit dem Unmöglichen, wie schwer es mir gefallen war, auf die Fußreise zu verzichten, und ich weiß nicht mehr von ihnen, als dass sie gern im Salzburger Land wandern und Spaziergänge am Inn lieben.

Und nun sitzen wir am Kaffeetisch beisammen und lernen uns besser kennen. Währenddessen schweift mein Blick immer wieder zu einem Kruzifix an der Wand neben der Wohnzimmertür. Im Hause meines Schärdinger Gastgebers hatte ich zwei entdeckt, eines davon groß und schwer wie ein Schrank und ein kunsthandwerkliches Meisterstück.

Vor mein geistiges Auge schiebt sich ein anderes Kreuz, ein kleines schwarzbraunes. Es stammte aus dem 19. Jahrhundert und gehörte meiner Oma Anna, die es von ihrer Mutter, meiner Urgroßmutter Martha, geerbt hatte. Von der ‚Besucherritze' des Ehebettes meiner Großeltern aus konnte ich es über der Schlafzimmertür hängen sehen.

Ich frage Anni und Wolfgang, ob ich eine sehr persönliche Frage stellen dürfe. Als sie bejahen, erkundige ich mich frei heraus, ob das Kreuz dort der Tradition halber hänge oder ob es Ausdruck ihres tatsächlichen Glaubens sei. Kaum, dass diese Worte meinen Mund verlassen haben, will ich sie wieder hineinstopfen. Wie kann man nur eine solch indiskrete Frage stellen! Was sollen sie antworten? Es hängt da nur, weil es halt da hängt, in Wahrheit bedeutet es uns nichts? Hätte ich nur meinen Mund gehalten, die taktlose Frage ist mir peinlich.

Doch meine Gastgeber reagieren in keiner Weise brüskiert, ganz selbstverständlich bestätigen sie das zweite. Vorwiegend ältere Österreicher seien in ihrem Glauben verwurzelt, fügen sie hinzu, was ich ja bereits von meinen Wandertouren weiß. An ungezählten Mariensäulen, kleinen und kleinsten Kapellen bin ich schon vorbei gekommen, oft habe ich, die Protestantin, dort innegehalten.

Später, als ich mich von Anni verabschiedet habe und Wolfgang mich nach Schärding gebracht hat, will ich ihm im Auto die Hand reichen, er jedoch hebt seine unerwartet hoch und zeichnet mir das kleine Kreuzzeichen auf die Stirn.

„Viel Glück, Gabi, möge dir alles gelingen, mögest du auf deiner Reise gesund bleiben."

Als er abfährt, winkt er und lässt mich sprachlos zurück. Über den Abschlusssegen des Pfarrers hinaus habe ich noch nie den Segen eines Mitmenschen empfangen. Da stehe ich jetzt, irritiert und bewegt, spüre dem nach, was diese Geste in mir bewirkt hat: Dankbarkeit und Zuversicht.

Später gehe ich noch allein hinunter zum Inn.

Das Wasser steht knapp unterhalb der Uferkante. Nur ein paar Zentimeter mehr und der Radelweg wird morgen überflutet sein. Ich denke an die Hochwasserkatastrophe des Jahres 2013, die das Jahrhunderthochwasser von 2002 mit einem noch höheren Pegelstand übertraf. Der Inn hatte von vielen Schärdinger Häusern Besitz ergriffen, sie umspült bis zu den oberen Etagen, so dass sie wie schwimmende Spielzeughäuschen aussahen, die die zügellosen Fluten auch ganz hätten verschlingen können.

Ich setze mich auf eine Bank und sehe dem fortstrebenden Wasser zu, versuche, meine Gedanken von den Wellen tragen zu lassen. Es braucht nicht lange, bis mir die nur zwei Tage zurückliegende Zugfahrt nach Passau in den Sinn kommt.

Gott liebt auch Krüppelkiefern

Sie saß neben mir. Eine zierliche alte Dame, die Rosmarie hieß und Österreicherin war. Warum wir ein Gespräch begannen, weiß ich nicht mehr, und es tut auch nichts zur Sache.

Sie erzählte, in einem kleinen Nebenerwerb den Gemeindepfarrer zu bekochen. Da ich gerne esse, erkundigte ich mich nach ihrem Repertoire und sie erzählte von Mehlspeisen, für die das Land be-

rühmt ist: Topfenknödel mit Erdbeeren oder Ma-
rillen, Schmarrn mit Weinperlen, Tiroler Knödel…
Sie hätte die Liste um zig Gerichte fortsetzen kön-
nen.

Dann unterhielten wir uns über den christlichen
Glauben und das Zuhause, das sie als ledig ge-
bliebene Frau von Kindesbeinen an in der Kirche
gefunden hatte. Wir sprachen über Menschen
anderen Glaubens, über den Wunsch, den viele
spüren, bei einer höheren Macht aufgehoben zu
sein. ‚Wir sind verloren‘, meinte Rosmarie, ‚wenn
wir nur an uns und unsere bescheidenden Kräfte
glauben… angesichts dessen, was einem zusto-
ßen kann im Leben.‘

Worauf spielte sie an? Was ging ihr durch den
Kopf? Vielleicht ihre Kindheitsjahre während des
Krieges, vielleicht andere schwere Ereignisse. Ich
wagte nicht zu fragen.

‚Woran soll man sich festhalten, wenn nichts da
ist, das Halt gibt, wenn die Menschen, die einem
beistehen wollen, so hilflos sind wie man selbst?‘

Dein Glaube steht da als achtzigjährige Eiche,
hatte ich gedacht, meiner ähnelt einer vierund-
sechzigjährigen Krüppelkiefer, von der eine Men-
ge Nadeln gerieselt sind und wohl noch rieseln
werden.

Hatte ich als Kind geglaubt? Mein Vater katho-
lisch ungläubig, meine Mutter evangelisch, gläu-
big mit Fragezeichen, in Schule und Konfirman-

denunterricht diese stumpfsinnige Paukerei von Texten und Psalmen - niemand, der das alles mit Leben füllte.

In der Pubertät Nöte, Unsicherheiten, unbeantwortete Fragen, eine Tante, der ich ein quälendes Problem anvertraute, das sie an meine Eltern verpetzte, die ich, wie sie wusste, nicht ansprechen wollte. Ich hatte niemanden des Vertrauens, ‚nur‘ Gott, der für mich plötzlich zum Leben erweckt war. Abends, in meinem Bett, bat ich ihn mir zu helfen. Das Problem löste sich zwar nicht, aber es ging mir besser, in meiner Not fühlte ich mich nicht mehr allein.

In den Siebzigern wirkten Aufbruch und Rebellion der Sechziger nach und ich steckte mittendrin. Mein Studium der Sozialarbeit führte mir täglich vor Augen, was restriktive Erziehung anrichten kann. Wir wollten uns befreien vom unbedingten Gehorsam, von der verschrobenen Sexualmoral der alten und älteren Generation, von Unterdrückung und Manipulationen jeder Art, also auch vom Gottesglauben. Wir waren der Ansicht, dass die spießbürgerliche Gesellschaftsschicht mit ihrem Glauben an das Jesus-‚Märchen‘ den Herrschenden ein Instrument in die Hand gab, das Volk nach Gutdünken zu beeinflussen. Die Kirchenobersten vieler Epochen lieferten mit ihren unmenschlichen Taten jedes Argument, den ge-

fährlichen Glaubenshokuspokus über den Haufen zu werfen.

Mit meinen neuen Nöten, die mir diese Zeit bescherte, suchte ich keinen Anker mehr bei Gott, auch nicht bei Karl Marx, vielmehr bei Freundinnen, die nur wenig hilfreiche Ratschläge auf Lager hatten, mir aber Gelegenheit gaben, über mein Seelenchaos zu sprechen.

Dann wurde ich Mutter... und auf einmal war alles anders. Diese Erfahrungen von Schwangerschaft und Geburt waren im wahrsten Sinn des Wortes WUNDER-bar, so elementar, tiefgreifend, dass ich wieder glauben, danken, beten konnte, allerdings auf eine andere Weise. Mein Verhältnis zu Gott hatte sich auf eigene Füße gestellt, war freiwillig und auch irgendwie selbstverständlich. Die beiden Geburten, die der ersten folgten, verstärkten diese Entwicklung.

Was ist geblieben aus dieser Zeit des auferstandenen Glaubens? Fast vierzig Jahre sind seitdem vergangen. Ich gehe selten in einen Gottesdienst und wenn, dann bewegt sich viel in mir. Des Öfteren suche ich leere Kirchen auf, führe dort Gespräche mit Gott. Generell bete ich weniger, als dass ich mit ihm spreche. Er ist für mich ein gut meinender, tröstender, bis in den Tod verlässlicher Freund, der meine Seele bis in sämtliche Winkel kennt und mich trotzdem liebt. Er lacht mit mir! Manchmal amüsiert er sich sogar über mich, aber nie zynisch oder herablassend. Wenn ich mich bedanke - ich habe oft Grund dazu! -, freut er sich.

Ich bin mir bewusst, dass ich Gott nur an meiner Seite fühle, weil ich es zulasse und will. Er wäre einsam, wollte keiner etwas von ihm wissen. Mitunter wünsche ich mir, dass er in meines oder in das Leben eines Anderen helfend eingreift, aber ich erwarte es nicht, genauso wenig, wie ich beklage, dass er Leid ‚zulässt'. Dieses ‚Zulassen' ist für mich weder ein Beweis seiner Gleichgültigkeit noch Nichtexistenz. Wollte Gott des Menschen Unglück wie auch immer unterbinden, hätte er nicht nur bei Tsunami-Katastrophen, Vulkanausbrüchen und Kriegen einzugreifen, denn Leid ist Leid. Er müsste auch einen Mann bestrafen, der sein Kind in den Keller sperrt oder eine Frau, die hart und unbarmherzig ist. Er hätte viel zu tun auf dieser Welt und müsste pausenlos Lehren erteilen, als Richter und Henker fungieren.

Im Übrigen weiß Gott sehr genau, warum ein Mensch böse geworden ist. Nein, er löffelt nicht aus, was wir anrichten. Es ist wohl eher so, dass wir für unsere Taten selbst Verantwortung tragen. Wir entscheiden, was mit unseren Fähigkeiten geschehen soll, ob wir sie zum eigenen und zum Wohl Anderer entfalten möchten, ob wir diesen Auftrag annehmen, zu dessen Erfüllung wir ein Leben lang Zeit haben.

Wenn mich Gott dabei unterstützt, mir in allen Situationen zur Seite steht, ist das wertvoll und genug. Diese ‚Partnerschaft', an die ich glauben darf und die ich unzählige Male gespürt habe, macht mein empfundenes Glück größer, meinen Kummer kleiner.

So ist mein Verhältnis zu Gott schwankenden und stürmischen Zeiten unterworfen. Zweifel ziehen sich als roter Faden hindurch, woran ich mich schon fast gewöhnt habe. Wissen steht auf festen, Glaube auf wackligen Füßen. Was will ich machen? Ich vertraue einfach darauf, dass Gott auch Krüppelkiefern liebt.

Abenddämmerung zieht herauf.

Silberbänder glänzen auf dem sich verdunkelnden Wasser, das in fortwährender Rastlosigkeit strömt, keinen Unterschied macht zwischen Tag und Nacht. Ich fröstle, meine Blase meldet sich wieder, fordert nachhaltig die ständige Erreichbarkeit einer Toilette.

Was mache ich morgen, wenn ich auf Buschverstecke angewiesen bin und der Moment kommt, wo ich keines finde? Ich mag nicht darüber nachdenken.

Kein Aufschieben mehr! Ich werde morgen nach dem Frühstück einen Arzt aufsuchen, ob ich dazu

Lust habe oder nicht, und zwar, bevor die Infektion die Nieren erreicht und mich vollends außer Gefecht setzt.

Mit diesem Vorsatz der Vernunft schließe ich meine Gedanken ab, überlasse den Inn der Nacht und steige hinauf in mein Zimmer.

Von Schärding nach Obernberg

In Neuhaus, auf der deutschen Seite des Inn, finde ich die einzige Praxis für Allgemeinmedizin sofort. Eine Sprechstundenhilfe erkundigt sich nach meinem Anliegen, drückt mir sogleich einen Becher in die Hand und schickt mich zur Toilette. Nur fünfzehn Minuten später bittet mich der Arzt freundlich lächelnd in sein Sprechzimmer.

Während er die Laborwerte studiert, verfinstert sich seine Miene, dann greift er zum Kuli und schreibt ein Antibiotikum auf. Es sei höchste Eisenbahn, sagt er, ich solle keine Zeit mehr verlieren, das Medikament besorgen und mit der Einnahme sofort beginnen. Das Abhören der Atemwege ergibt zum Glück keinen ernsten Befund.

Gleich vor der Tür der Dorfapotheke spüle ich die erste Tablette hinunter. So weit, so gut.

Freitag, der zweite Tag. Die Uhr zeigt halb elf an. Bis Obernberg veranschlage ich eine Fahrtdauer von drei bis vier Stunden, so dass für die Quartiersuche genug Zeit bleiben wird.

Der Arzt hat mir von Überanstrengung abgeraten, Sport sei mit Antibiotika im Blut nicht unbedenklich. Das ist mir durchaus klar, natürlich will ich meinen Herzmuskel nicht gefährden, doch wann eigentlich beginnt beim Radfahren Überanstrengung? Beim Bergwandern kenne ich diesen Punkt. Wenn ich mich aus komplett eigener Kraft mitsamt Gepäck tausend und mehr Höhenmeter bergauf bewege, womöglich ohne Schatten, ist das anstrengend, nein, sehr anstrengend. Das Herz schlägt schnell, aber gleichmäßig, der Atem geht schwer, das Gesicht rötet sich, der Schweiß fließt. Als Über-Anstrengung würde ich das nicht bezeichnen, ich spüre, dass da noch ein Puffer ist, den ich nicht ausreize. Dennoch würde ich einen derartigen Kraftaufwand unter laufender Antibiotika-Therapie unterlassen. Doch jetzt ist die Situation eine andere. Wie anstrengend ist nicht tempoorientiertes Fahren auf überwiegend ebener Strecke, mit einem Fahrrad, auf dem ich entspannt sitze, das mir sämtliche Gewichte, einschließlich meinem eigenen abnimmt? Die Strecke von Passau nach Schärding war nur kurz, also kein Maßstab, früher oder später möchte ich das Tagespensum erhöhen.

Vorerst schiebe ich das alles beiseite und richte den Blick nach oben. Über dem Fluss ist die Sonne aufgegangen, an einem strahlenden Himmel, den die zarten Federn der Cirruswolken schmücken. So setze ich die Reise auf der Österreich-Seite des Inn fort. Die Räder drehen sich, das Schnurren erklingt und ich will nicht verschweigen, dass ich zum ersten Mal mit dem Fahrrad zu reden anfange.

Nach Schärding folgt St. Florian. Ich werfe Wolfgang und Anni einen gedanklichen Gruß zu und passiere kurz danach das zweite Kraftwerk. Im Dorf Suben möchte ich etwas Obst kaufen. Was ich finde, ist ein Bäckerladen. Der Fahrer eines Lieferwagens klärt mich auf, im Dorf gäbe es keinen Lebensmittelhändler, mangels Radweg müsse ich auf dem Seitenstreifen der Bundesstraße bis zum Kreisverkehr fahren, wo sich nur unweit davon ein Supermarkt befände.

Das hört sich nicht gut an. Da mir meine tägliche Ration Früchte aber wichtig ist, übergebe ich mich zähneknirschend der dicht befahrenen Straße.

Es ist unangenehm und dauert viel zu lange. Als ich auf den Kreisverkehr stoße, finde ich keinen Supermarkt und leider auch keinen Fußgänger, den ich dazu befragen könnte. Ich müsste ein Auto stoppen, was mir den Einsatz nicht wert ist. Ein Radwegschild ist hier natürlich nicht zu entdecken, so dass ich beschließe, den Obstkauf aufzugeben und eine Stichstraße zum Inn zu suchen.

Was ich finde, ist ein breiter Ackerweg. Schon nach fünfzig Metern muss ich absteigen und das Fahrrad schieben. Soll ich lieber umkehren? Bloß nicht! Ich bleibe auf meinem holprigen Ackerland und hoffe, dass das zu etwas Gutem führt.

Dann endlich höre ich den Fluss. Mit ihm habe ich auch meine Radstrecke wieder, das Schieben ist vorbei. Fast eine Stunde habe ich mit meinem unproduktiven Ausflug zugebracht und ich frage mich, ob er in die Kategorie Überanstrengung fällt. Auf jeden Fall hat diese Energieverschwendung meine Nerven arg strapaziert und mich um eine Erfahrung reicher gemacht.

Linkerhand bleibt St. Marienkirchen zurück.

Ich fahre weiterhin linksseitig, obwohl es rechtsseitig, wie es scheint, hübscher und ruhiger wäre. Am gegenüberliegenden Ufer ziehen bewaldete Inselstreifen entlang, wohingegen mir die Chiemsee-Autobahn unliebsam nah auf den Leib rückt. Ich sehe sie zwar kaum, höre aber die Maschinerie der Fahrzeuge hinter Sträuchern und Büschen brausen und dröhnen, monoton begleitet vom Klack-Klack auf den Nahtstellen des Asphalts.

Irgendwann eilt von Süden die lehmbraune Antiesen heran, der Weg schlägt einen Bogen um die Mündungsregion. Wo kommt sie her?

Ich bleibe kurz stehen und werfe einen Blick in die Karte.

Aus den Hügeln des Hausrucks. Von dort schlängelt sich das Flüsschen zum Inn wie aufgeribbeltes Strickgarn.

Vor der Antiesen-Mündung hatte sich die Autobahn in östliche Richtung, nach Antiesenhofen, gewandt. Es herrscht also wieder Ruhe.

Seit Schärding bewege ich mich im Europareservat ‚Unterer Inn'.

Das Naturschutzgebiet erstreckt sich bis zur Salzachmündung und nun darf ich mich an dieser reizvollen Landschaft erfreuen, die der Radweg am südlichen Rand streift. Jedoch geht es bergan mit einer Steigung, die ich so nicht erwartet habe. Bald heißt es absteigen - und das am unteren Inn, wo das Land noch ‚flach' ist! Da hilft nur eines: Alle Gedanken an die Hochgebirgsherkunft des Flusses beiseiteschieben. Mit dieser Herausforderung befasse ich mich, wenn es soweit ist.

Bis ich den höchsten Punkt erreiche, ist es ein lächerlich kleiner Anstieg von dreißig Höhenmetern, trotzdem muss ich die ganze Zeit über laufen. Dabei schmerzen die Knie nicht, fühlen sich aber instabil an. Ich darf sie nicht überfordern, muss es schaffen, das richtige Maß zu finden, damit ich mir nicht alles verderbe. Mache ich mir nichts vor: Diese Sache wird noch lange auf Messers Schneide stehen.

So gering der Anstieg war, so groß der Gewinn. An einem Aussichtspunkt halte ich an, um den Anblick dieser bildschönen Insellandschaft zu genießen. Ich denke an das felsgesäumte Flussbett bei Wernstein, durch das sich der Inn dort pressen musste. Ob durch Mensch oder Natur eingezwängt, immer steigt die Fließgeschwindigkeit eines Flusses, was zur Folge hat, dass Tiere sowohl an den Ufern als auch im Wasser erheblich schwerer Lebensräume finden. Dass sich dieses Gemälde wilder Natur zu meinen Füßen entfalten konnte, hat, so paradox es klingt, menschliches Eingreifen bewirkt, wie es auch das vorhergehende Landschaftsbild geprägt hatte.

Nachdem der unberechenbare Fluss Anfang des zwanzigsten Jahrhunderts mit Granitblöcken begrenzt und gebändigt wurde, hatte sich Ende der dreißiger Jahre mit dem steigenden Elektrizitätsbedarf die Lage geändert. Im Zuge neu errichteter Stauwerke entstanden Wasserflächen. Darin setzten sich offene Schlickinseln ab, die mit der Zeit verlandeten. Und weil man so klug war, den Menschen mit seinen Bedürfnissen von ihnen fernzuhalten, schoss an den Ufern das Schilf hervor, auf den Inseln sprossen Pflanzen und Bäume. Was als verloren galt, war wieder da: Auwälder und Weidendschungel - Lebensräume in Hülle und Fülle! Im Laufe der Jahrzehnte entwickelte sich eine Flora und Fauna, wie sie einst zum Wildfluss gehörte. Geben wir ihr Freiheit, ist die Natur startklar, wobei das Ausmaß der Entwicklung im Reservat ‚Unterer Inn' beachtlich ist: Schmetterlinge, hunderte Arten, Libellen, Biber, Fischotter, Amphibien, Fledermäuse; Märzglöckchen und Schlüsselblumen, ganze Teppiche purpurnen Blutweiderichs, kleine Orchideen wie der Sumpfwurz... - wahrhaft elysische Zustände!

Zudem ist das Gebiet ein Knotenpunkt im interkontinentalen Netzwerk der Wasservögel. Zehntausende finden hier einen Anflugplatz auf dem Weg nach Süden oder bei der Rückkehr in ihre Brutgebiete. Fast jede europäische Wasservogelart hat am Inn mal gerastet und sich in der Ruhe des Naturparks wohl gefühlt.

Andere Vögel sind hier beheimatet und finden viele Möglichkeiten für den Nistplatzbau, die Artenvielfalt unter ihnen ist ebenfalls reich. So lebt zum Beispiel eine der größten Möwenkolonien des Binnenlandes im Reservat, etwa fünfzigtausend Tiere. Tja, und eine bestimmte Singvogelart ist dort vermutlich auch zu Hause, eine, die mir vor langer Zeit viel Freude bereitet hatte...

Der Schatz, der vom Himmel fiel

Einst war ich Federsammlerin. Ich bewahrte meine Fundstücke in einer hölzernen Zigarrenschachtel auf, die mir meine Eltern überlassen hatten.

Es muss ungefähr 1961 gewesen sein. Ich weiß noch, wie ich den himmelblauen Fleck auf dem Waldboden entdeckte, mich bückte, das Federchen aufhob und es behutsam von Erdkrümeln befreite, um es dann ausgiebig und andächtig zu betrachten. Waagerechte, feine schwarze Bänder zogen sich hindurch, links und rechts hatte der Schaft weißbläulichen Flaum, so zart, dass ich ihn nicht spürte, wenn ich mit dem Zeigefinger darüber strich.

Wer hatte diese Kostbarkeit verloren? Ich hob das Kinn an, schaute suchend in den Blätterwald über mir, durch den blau der Himmel blitzte. Wie groß war mein Glück, dass ich gerade jetzt hier vorbei gegangen war!

Vorsichtig legte ich die Feder in die Kiste, zu den schwarzen, braunen, gestreiften, gesprenkelten... Ich wusste nicht, wie außergewöhnlich der Fund wirklich war, dass der Eichelhäher nur unterhalb der Schultern einige dieser blauen Federn hat. In meiner Kiste war sie die kleinste und stach trotzdem mit dieser Farbe aus allen anderen Fundstücken hervor.

So lange ist sie nicht mehr da und blieb doch bei mir, leuchtet durch die Zeit.

Die einzigen Tiere, die ich hier oben, fernab vom quirligen Innenleben des Europareservats, sehe, sind Vögel, die über den Wipfeln der Auwälder kreisen. Ich sehe keine Blume und höre auch keine Geräusche, aber es gefällt mir zu wissen, was dort unten los ist. Wie bedauerlich, dass sich die Natur oft nur in Abwesenheit des Menschen entfalten kann.

Irgendwann habe ich mal gelesen, dass wir nur uns selbst in Lebensgefahr bringen können, nicht die Erde. Die Naturkräfte werden sich durchsetzen, weil sie Zeit, Geduld und Kraft im Überfluss haben, während der Mensch nur über einen winzigen Bruchteil davon verfügt. Wie unermesslich die Energie der Troposphäre mit ihren Stürmen, Winden, Wolken, Regengüssen! Wie ungeheuerlich das Ausmaß der Meere! Wie ehrfurchtgebietend die Bedeutung und Wirkung der Berge, der Flüsse und Tropenwälder!

Naturkräfte können eruptiv und rasend schnell agieren, wie auch so langsam und stetig, dass wir es kaum wahrnehmen. Einerseits können sie gedeihen lassen, andererseits uns Menschen in nahezu apokalyptische Bedrängnis bringen. Eigentlich sollte man annehmen, dass wir uns der Natur anpassen wollen, die so viel stärker ist als wir. Eigentlich sollte man annehmen, dass wir mit ihr und nicht gegen sie leben wollen, weil wir ja ein Teil von ihr sind. Es wäre weise. Immerhin sind wir die klügsten Lebewesen der Erde.

Ab und zu kommen mir Gruppen von Radfahrern entgegen, viele mit großem Gepäck. Gut möglich, dass sie in Maloja gestartet sind. Die Oberkörper über die Lenker gebeugt, die Gesichter mit den Sportbrillen starr nach vorn gerichtet, sieht nicht ein Fahrer nach rechts oder links. Ob sie mich überhaupt bemerken? Ich freilich blicke in gelbe, grüne, pinkfarbene Insektenaugen. Sportlich ambitioniert, fahren sie zwei bis drei mal so schnell wie ich, und werden ihre Ziele auch zwei bis drei mal so schnell erreichen, was mich kein bisschen stört. Ich fühle mich eh wie ein Papagei, der vom Urwald Brasiliens zur Nordsee fliegt.

Im Ort Reichersberg steuere ich, schiebend und steil hinauf, das gleichnamige Chorherren-Stift an, eben da den Restaurant- und Cafégarten, wo ich eine Suppe zu mir nehmen möchte. Hier hatte ich zwei Jahre zuvor das unfreiwillige, vorzeitige Ende meiner Fernwanderung einläuten müssen. Ich erinnere mich gut daran, wie ich mit vor Schmerz steifen Beinen desillusioniert ins Anmeldebüro gestakst war, wie sehr es mich erleichtert hatte, dass man mir ein Zimmer geben konnte.

Abends in meinem Bett fühlte ich mich wie eine Büßerin, die ich ja auch war. Ich dachte über ein Leben im Kloster nach, wie klar geregelt es wäre, wie ehrgeizfrei. Für immer hätte ich mich vor meinen Sehnsüchten in Sicherheit gebracht.

Ich brachte mich nicht in Sicherheit, nein, wirklich nicht. Stattdessen bin ich wieder hier, hoffend, dass mich mein Körper nicht noch einmal bestraft, und mir Desaster Nummer Zwei erspart bleibt.

Ich bestelle Rindsbrühe mit Frittateneinlage. Zu meiner Freude ist sie reich mit Schnittlauch bestreut und duftet wunderbar. Nach dem Mahl lehne ich mich entspannt zurück, schaue zu Lupina hinüber. Das Rad ist dort in einen Halter geklemmt. Eben nähert sich eine Frau, stutzt, bleibt stehen, betrachtet es eingehend und lächelt dabei.

Seit meinem Abstecher nach Neuhaus sind etwa fünf Stunden vergangen, vier davon habe ich auf dem Sattel zugebracht. Von hier an gibt es wieder einen Flussweg, dreißig Höhenmeter tiefer, so viel oder so wenig, wie ich heute bergan geschoben habe. Ich ziehe es vor, auf der schwach befahrenen Landstraße direkt nach Obernberg zu fahren und bin gespannt, wie sich die Zimmersuche dort gestalten wird.

Vom Inn bleibe ich noch eine Zeitlang entfernt, die Karte zeigt an, dass er gerade weiterfließt, bis sich das Reservat mit seiner Insel- und Seenlandschaft hinter Obernberg fortsetzt. Die Zeit der Hügel und Steigungen ist vorbei - vorerst.

Wenn ich nicht zur Nacht obdachlos auf eine Bank fallen will, muss ich mich jetzt noch aus einem weiteren Grund sputen: Am Himmel ziehen sich Regenwolken zusammen.

Gleich der erste Gasthof hat ein Bett für mich!

Lupina wird die Nacht mit ein paar anderen Rädern im Innenhof verbringen, während ich meine Abendzeit auf der Marktplatzterrasse mit einem Gläschen Welschriesling, einer Schüssel Salat und einem zackigen Blaskonzert genieße.

Glücklich und entspannt lasse ich die Augen zu den mich umgebenden Rokokofassaden schweifen. Ein toller Anblick! Alle Gebäude tragen warme, alten Handwerkszünften entsprechende Farben. Eine hat es mir besonders angetan: kakaobraun. Als Hausanstrich recht ungewöhnlich. Die weißen Fensterrahmen wirken wie Sahnetupfer.

Die zweite Etappe ist also geschafft und sie war herrlich! Alles spricht dafür, dass ich mir nicht zu viel abverlangt habe. Freilich bin ich müde, fühle mich aber, die Erkältung betreffend, etwas besser, die Symptome lassen nach. Sogar das Wetter war mir freundlich gesonnen! Dass der zu erwartende Regen jeden Augenblick fallen wird, stört mich nicht, weil für Morgen neuer Sonnenschein angekündigt ist.

Alles gut, ich darf zufrieden sein!

Wirklich, es wäre noch zu früh, in ein Kloster zu gehen... Wie lautete doch gleich das Augustinus-Zitat, das ich im Chorherren-Stift gelesen hatte? Die Seele ernährt sich von dem, worüber sie sich freut.

Von Obernberg nach Seibersdorf

Samstag. Sieben Uhr. Der dritte Tag meiner Reise.

Unausgeschlafen schlage ich die Augen auf. Im Laufe der Nacht hat mich meine brennende Blase viermal zur Toilette getrieben. Auch heute werde ich unterwegs einige Buschverstecke suchen und vor allen Dingen ausfindig machen müssen.

Gerade will ich mich aus dem Bett drehen, um aufzustehen, als ich abrupt verharre. In Höhe der Lendenwirbelsäule spüre ich linksseitig einen stechenden Schmerz, exakt da, wo sich die Werbeschauspieler mit verzerrter Mimik die Hände ins Kreuz pressen, dann Salbe auftragen und Sekunden später die Enkel lachend in die Schaukel heben.

Habe ich mich zu früh gefreut?

In gewissen Abständen erinnert mich mein Körper daran, dass ich nicht mehr Dreißig bin. Aber ich habe vorgesorgt und werde die drohende Bewegungsunfähigkeit im Keim ersticken.

Wo ist der Apothekenbeutel?

Vorsichtig erhebe ich mich, halte den Rücken gerade und gehe hinüber zur Satteltasche, suche die Tüte Wärmepflaster heraus und klebe eines davon punktgenau auf die kritische Stelle.

Und nun, rede ich mir zu, vergiss, dass es bei dir sticht.

Im Gastraum sind mehrere Tische besetzt. Links von mir sitzt ein Junge im Kindergartenalter im Kreise von vier Erwachsenen, wohl die Eltern und Großeltern.

Bisher gibt es nur die Pensionsfrühstücksunterhaltungen, wie man sie kennt: sehr leise, fast geflüstert. Lachen, husten, die Tasse absetzen, das Ei köpfen - alles darf nur minimale Geräusche verursachen. Weshalb das so sein muss, verstehe ich nie, passe mich aber an und zermalme mein Knuspermüsli am Gaumen, was mehr Geschicklichkeit erfordert, als man denken mag - und genau in diesem Moment fängt der Junge zu singen an. Glockenhell hebt sich seine Kinderstimme über das Gemurmel und Raunen hinweg:

„Und ich flieg, flieg, wie ein Flieger und ich flieg, flieg, stark wie ein Tiger... heut ist so ein schöner Tag!"

An allen Tischen wird gelacht. Laut gelacht.

„Ja, Fritzi, du singst fein, aber beiß auch mal in deine Semmel."

Es ist wohl die Mama, die liebevoll zum Essen mahnt. Fritzi tut brav, was er soll, kaut eifrig und mit vollen Backen, hält das aber nicht lange aus und singt mit vollem Mund weiter. Wenn man sich seines Lebens freut, muss es einfach raus.

Da heute keine nennenswerten Steigungen zu erwarten sind, darf die Strecke etwas länger sein. Ich werde auf der Österreich-Seite des Inn bleiben, erst unmittelbar vor der Salzachmündung - hinter Braunau - zur deutschen Seite wechseln.

So willkommen mir die Radwegweiser sind, so wertvoll ist mir das Kartenmaterial mit seinem Gesamtüberblick, einschließlich aller Alternativrouten. Natürlich könnte ich auch mit der Zeit gehen und das GPS nutzen, seine Vorteile sind ja nicht von der Hand zu weisen. Weitaus mehr stehe ich aber auf handfestes Papier, die Teilstreckenkarten fühlen sich wie Schatzpläne an, je knittriger und abgegriffener, desto besser. Wie langweilig wäre Jim Hawkins Reise, suchte er Captain Flints' Schatz via Smartphone!

Nachdem es in der Nacht geregnet hatte, ist der Himmel nun blank und blau, kaum ein Lüftchen ist zu spüren.

Der Weg zieht sich jetzt am Naturreservat und am Inn entlang, dessen Wasser auch heute kurz vor dem Überschwappen steht. Dann weicht er ab, führt durch Ackerflächen, Mohnfelder und Wiesen. Äpfel lachen aus knorrigen Bäumen herüber, gelb leuchten am Wegrand die Königskerzen. Wieder liegen Inseln im gestauten Fluss, es pfeift, trillert, quakt und schnattert herüber, hier bin ich den Schilfröhrichten und Auwäldern nah. Als mich dann noch ein paar weiße Schmetterlinge umflattern, fühle ich mich so glücklich, dass ich wie Fritzi ein Liedchen anstimme.

Eine Gruppe Sportradfahrer. Meinen Gruß erwidern sie nicht, ihre Brillenaugen starren geradeaus.

Kirchdorf liegt mittlerweile zurück, das Insel-Reservat bleibt mir erhalten, schnurgerade geht es weiter. Ich komme gut voran, doch allmählich macht mir die Hitze zu schaffen, über jeden einzelnen Baumschatten freue ich mich.

Als ich in Braunau eintreffe, ist es vierzehn Uhr, für eine Besichtigung der Stadt fühle ich mich zu antriebslos. Soll ich zur Nacht bleiben? Nein, zu früh, ein bisschen Radeln ist noch drin.

Zum ersten Mal erkenne ich, dass es weder Museumsbesuche noch Stadtrundgänge geben wird, sowohl in Schärding als auch in Obernberg hatte ich keine Zeit und auch keinen Sinn dafür. Stattdessen sammle ich fleißig Lesestoff zum Inn und schreibe Tagebuch - im Vordergrund stehen der Fluss und seine lernbegierige Schülerin.

Mit Blick auf die nahende Mündung der Salzach muss ich hier in Braunau die Flussseite wechseln. Verpasse ich diese Möglichkeit, würde ich automatisch auf den Salzach-Radweg und nach Süden gelangen. Also quere ich den Inn hinüber ins deutsche Simbach, von dort geht es in Richtung Marktl. Sollte ich es bis dort nicht schaffen, muss ich mich im ersten Gasthof, der mir vor das Rad kommt, einquartieren.

Nachdem ich ein weiteres Kraftwerk hinter mir gelassen habe, bleibe ich in unmittelbarer Nähe der Seen. Ab und zu rollt mir ein einzelner Radfahrer entgegen, so wenig eilig wie ich.

Die Lichtverhältnisse haben sich zum Nachmittag hin verändert, den Farben mehr Tiefe gegeben, auf den grünen Wassern liegen Bilder bauschiger Schönwetterwolken.

An den Rändern des Schilfes erspähe ich einige Wasservögel. Einer fällt mir sofort ins Auge. Er ist groß, schlank und hat einen langen Hals, Schnabel und Beine sind schwarz, das schneeweiße Gefieder leuchtet - ein Silberreiher!

Unruhig schlägt er mit den Flügeln - erschreckt ihn meine Nähe? -, breitet sie nun aus und hebt mit einem Schrei ab, segelt in elegantem Flug nah an der Wasseroberfläche auf das andere Ende des Sees zu, wo er sich aufs Neue niederlässt.

Kurz darauf ein Altwasser wie starker schwarzer Tee.

Auf der Hälfte der Strecke ist Schluss, mein Akku leer. Nur ungern würde ich weiterfahren.

Wo genau bin ich jetzt eigentlich?

In der hintersten Ecke der Welt, in einem Nest namens Seibersdorf am Westende des Reservats. Und wie hoch ist die Wahrscheinlichkeit, hier ein

Dach über dem Kopf zu finden? Gegebenenfalls werde ich bis Stammham weiterfahren müssen. Marktl ist heute unerreichbar für mich.

Das Dorf liegt auf einem Hügel, die Kirchturmspitze ist schon zu sehen. Ich schiebe Lupina mit bebenden Knien hinauf und merke erst jetzt, da ich mein Gewicht wieder trage, in welchem Zustand ich bin. Die gesamte untere Körperhälfte tut weh und unter dem Wärmepflaster brennt es wie Feuer, was nicht verwunderlich ist, weil ich den Tag über von Salz bedeckt bin. Die Schultern hätte ich ein drittes Mal mit Sonnenschutz einreiben müssen. Leugnen hilft nicht: Heute habe ich übertrieben. Bleibt zu hoffen, dass das keine bösen Folgen nach sich zieht. Als gutes Zeichen werte ich, dass ich einen Mordshunger habe. Am meisten aber sehne ich mich nach frischem Wasser, die warme Pfütze, die sich noch in der Trinkflasche befindet, kriege ich nicht mehr runter. Sollte es hier keinen Gasthof geben, muss ich irgendwo klopfen und um Wasser bitten.

Ja, was entdecke ich da? Einen Sonnenschirm!

Mit Werbeaufdruck. Beim Näherkommen entziffere ich: ‚Hutthurmer Bier - Alles vom Feinsten‘. Der Schirm lugt aus einem Hinterhof hervor, und nun, wo ich angelangt bin, sehe ich, dass es ein Biergarten ist, der allerdings wenig einladend wirkt. Gäste, die um einen Tisch sitzen, blicken auf, registrieren mich, ohne die Mienen zu verziehen, und setzen die Unterhaltung fort, mit der sie beschäftigt sind. So froh ich bin, so unwohl fühle ich mich. Diese Örtlichkeit gefällt mir nicht, aber meine Situation verbietet es, Ansprüche zu stellen.

Der Seiteneingang, durch den die Bedienung abgewickelt wird, steht offen. So trete ich ein, zunächst in einen Flur. Unwillkürlich fällt mein Blick in den Raum, der sich daneben befindet. Er ist bis in den letzten Winkel mit Dingen vollgestopft, ein unfassbares Chaos. Die Möbel sind unter Wäschestapeln und Haushaltsutensilien verschwunden, bergeweise türmt sich Krempel, der ohne unhöfliches Starren in Einzelheiten nicht zu erfassen ist. Über allem schwebt, allein und außer Konkurrenz, ein großer laufender Fernseher an der Wand.

Zwei Quadratmeter beansprucht ein Bügelbrett, an dem die Hausherrin sitzt und Bettwäsche plättet. Jetzt, da ich im Türrahmen stehe und meine Fassungslosigkeit hinter einem Lächeln zu verbergen suche, stiert sie mich böse an, hält dabei das dampfende, zischende Bügeleisen hoch wie eine Waffe.

„Was ist? Was wollen Sie?"

Abhauen, weiterfahren. Aber das kann ich mir nicht leisten, weil meine Knie nicht zu beben aufhören. Ich muss dringend trinken und essen und mich ausruhen. Ob es mir behagt oder nicht, ich brauche hier und jetzt ein Obdach.

„Hätten sie wohl ein Zimmer für eine Nacht frei?"

„Kommen Sie mit", kommandiert sie, stellt das Eisen ab, erhebt sich schwerfällig und geht mit einem Ärger, der mir fast wie unterdrückte Wut vorkommt, voraus.

Ich folge ihr hinüber zum vollgepackten ‚Empfangsbereich'.

„Da haben Sie den Schlüssel, gehen Sie rauf und sehen Sie nach, ob Sie es wollen."

Folgsam steige ich hinauf in den ersten Stock und finde schnell das Zimmer, in das mich dieser Hausdrache stecken will.

Außer Zweckmäßigem steht oder liegt hier gar nichts herum, ein Schokoladentäfelchen auf dem Kissen würde mich erheblich irritieren. Die Gardine ist vergilbt, der Teppichboden unappetitlich, das Jugendbett mit seiner dünnen knotigen Matratze katastrophal für eine Vierundsechzigjährige, die sich über Nacht von ihren Reisestrapazen erholen muss.

Vor dem Fenster gibt es einen mit Kunststoffglas eingefassten, verlotterten Balkon, direkt dahinter erhebt sich eine fensterlose Hauswand mit abblätterndem Anstrich. Kein Blumentopf, kein Grün. Betreten kann man den Verandakäfig von einem anderen Raum aus. Wer das täte, hätte direkte Einsicht in mein Gemach der Hässlichkeit. Es gruselt mich, als ich mir ein rot verschwitztes Männergesicht ausmale, wie es mit der Nase an der Scheibe klebt.

Dazu wird es nicht kommen. Ich werde die Polyestervorhänge lückenfrei zuziehen, ehe meine Fantasie ganz mit mir durchgeht. Und dann kann ich sorgenfrei in Slip und Hemdchen herumlaufen und mich ins Bett legen.

Es gibt aber auch Gutes zu erwähnen: frische, vom Dampfeisen geglättete Bettwäsche, ein Becken mit warmem Wasserzulauf für das Waschen der Tageskleidung, eine saubere Duschkabine.

So quartiere ich mich ein, setze mich unter den Schirm ,Hutthurmer Bier - Alles vom Feinsten', wo meine Wirtin soeben die Leute am Nachbartisch bedient und nun verstohlen von mir beobachtet wird.

Sie ist etwa zehn Jahre jünger als ich. Trotz ihrer recht schlanken Statur wölbt sich der Magen wie ein Umstandsbauch im achten Monat. Sehr langsam und schleppend bewegt sie sich, als habe sie Schmerzen... oder weil ihr Leben ein lähmender Alptraum ist? Vielleicht sowohl als auch. Mit den anderen Gästen wirkt sie auf ihre spröde Art vertraut, hat sie gar mit dem Hauch eines Lächelns bedacht. Ich nehme an, dass sie in diesem Dorf leben und des Öfteren herüberkommen.

„Und was wollen Sie bestellen?" fährt sie mich an.

Die Speisekarte bietet nichts, das auch nur annähernd gesund sein könnte. Ich stelle mir vor, wie sie oder eine andere Person alles in die Friteuse wirft, was die Küche an Lebensmitteln hergibt. Wie mag es dort aussehen? Egal, ich muss mich ernähren.

„Schweinelendchen mit Pilzen und Herzoginkartoffeln, und eine große Apfelschorle - schön kalt bitte."

Verächtlichen Blickes nimmt sie die Bestellung auf, um sodann schweren Schrittes ins Haus zu schlurfen. Ohne Frage, sie wünscht alle Welt zum Teufel und zuallererst mich. Hat sie den Papagei in mir erkannt, der frei umherflattert, während sie in ihrem Käfig sitzt, der alles andere als golden ist?

Bald darauf erscheint sie erneut. Eine fünfköpfige Familie hat an einem der noch freien Tische Platz genommen. Mit holländischem Akzent bestellen sie Pommes Frites, zum Nachtisch Eis.

Eine halbe Seite meines Heftes ist beschrieben, als uns allen das Essen vorgesetzt wird, das leider meine Erwartungen erfüllt. Das Fleisch totgebraten, die Käsesauce fetttriefend, die Pilze aus der Dose und die pappige Kartoffelspezialität hätte jede Herzogin der Gastwirtin hinterher geschmissen. Wirklich, ich lebe an einem Ort der allumfassenden Lieblosigkeit.

Zeit für das Eisdessert. Die holländischen Kinder freuen sich.

„Mama, da ist Eierlikör drin!"

„Ja, und?"

„Das ist Alkohol."

„Ja. Alkohol für Omis, das könnt ihr ruhig essen."

Nun betritt das männliche Gegenstück der Wirtin die Bühne, ein rustikaler Kerl in Arbeitslatzhose und Unterhemd. Offenbar geht er neben dem Gastbetrieb noch einem anderen Erwerb nach, der wahrscheinlich körperlich anstrengend ist, so abgekämpft wie er aussieht. Auch er ist eigentlich nicht dick, wäre da nicht die krankhaft aufgeblähte Bauchkugel, die er vor sich herschiebt. Sogleich steuert er den Tisch der Gäste an, lässt sich scherzend auf einen Stuhl fallen und scheint willkommen zu sein. Zweifellos der Hausherr.

Seine Frau kommt heraus, reagiert nicht auf ihn, sieht sich nur um, was von den Tischen abzuräumen wäre, geht wieder ins Haus, um alsbald mit einem Humpen Bier zurückzukehren, den sie ihrem Mann wortlos vorsetzt.

Wer hier etwas zu lachen hat, ist wohl er. Zwei oder drei Witze machen die Runde und dann verfallen Wirt und Gäste in ernste Gespräche. Vage kann ich verstehen, dass es um Krankheiten geht, und dann höre ich den Mann im Unterhemd laut und deutlich eine Lebenserkenntnis formulieren: „I soag imma, hört die Pumpe auf, doa hoat der Oarsch Feierabend."

Ich könnte schwören, dass er meine Anwesenheit nicht bemerkt hat, aber nun steht er plötzlich auf, um sich schwerfällig in meine Richtung zu bewegen, was mich ein bisschen beunruhigt. Ahnt er, dass ich mir soeben Notizen über ihn gemacht habe?

„Was schreibst da, a Buach? Haha! Wie hat's dir denn g'schmeckt, Prinzessin?"

Alter Schmeichler. Zum Glück hat das seine Frau nicht gehört.

„Danke, es war… gehaltvoll", antworte ich und lächle etwas blöde. Kein Risiko! Ehrlichkeit kann einen Rausschmiss durch die Hausherrin bewirken. Als habe er mir das scheinheilige Lob abgekauft, packt er Teller und Besteck, entschwindet damit und ward nicht mehr gesehen.

Ich schreibe und befasse mich mit meinen Inn-Studien, bis mir vor Müdigkeit die Augen zuzufallen drohen. Bevor ich hinauf in meine Kammer gehe, zieht es mich noch vors Haus.

Im Süden, hinter Wiesen und Wäldern, liegt die Mündung der Salzach, letzter Teil des Europareservats. Der wasserreichste, längste Nebenfluss des Inn entspringt in den Kitzbüheler Alpen. Auf seinem Weg von Westen nach Osten längs der

Hohen Tauern, und dann ab Bischofshofen nach Norden bis zum Inn nimmt er mehr als dreißig Flüsse, Achen und Bäche auf.

Welche Personen haben Zutritt zum Balkon?

Spielt eigentlich keine Rolle, weil ich das seitliche Guckloch erdbebensicher verschließen werde. Welcher Gegenstand ist dazu geeignet? Der Rucksack! Mit ihm sei jedem echten und fiktiven Spanner die Tour vermasselt. Ich positioniere ihn auf der Fensterbank, gleich über dem Kopfende des Bettes, den Vorhang stopfe ich dahinter. Nun verriegele ich noch die Tür und lasse den Schlüssel stecken.

Meinen Verfolgungswahn habe ich beruhigt, als ich mich aber auf meinem unkomfortablen Lager ausstrecke, spüre ich ein neues Problem auf mich zukommen: Muskelkater. Auch das noch! Diese Nacht wird keine gute sein. Ach, wie gern hätte ich jetzt eine entspannende Ayurveda-Massage…

Was man sich nicht alles wünscht und nicht bekommt… Meine Wirtin zum Beispiel, wovon sie wohl träumt? Auf mich macht sie den Eindruck, als habe sie - sofern sie jemals welche hatte - alle Träume aufgegeben, und ihr Mann, so wie es mir scheint, auch. Wirklich, es gibt Zeitgenossen, in deren Mokassins ich nicht gehen möchte.

Meine Wirbelsäule ist den Tag über friedlich geblieben, darum vorerst vom Hitzepflaster befreit,

bleibt zu hoffen, dass ich morgen diese Marter-
pritsche verlassen und aufrecht zu meinem Fahrrad gehen kann.

Geduld, Gabi, harre aus. Du weißt doch, dass du
das kannst.

Des Teufels Zähmung

*Alle Tage seines Lebens verbrachte er in diesem
Gefängnis. Und jetzt, wo ich hier stand und ihn
ansah, knurrte er zähnefletschend, um dann in
ein wütendes Bellen zu verfallen, dass ihm der
Geifer von der langen Zunge spritzte.*

*Am liebsten hatte ich Pferde, die ich regelrecht
vergötterte, was dazu führte, dass mich Mitschü-
lerin Ingeborg ,Fury, die Brillenschlange' taufte.
Jahrelang litt ich unter diesem blödsinnigen Spitz-
namen.*

*Am zweitliebsten waren mir Hunde. Auch diesen
eingesperrten Kerl mochte ich, obwohl er sich so
erbost gegen die Eisenstäbe des Zwingers warf
und mich der Anblick seiner furchtbaren Reißzäh-
ne schauderte. Er tat mir leid und irgendetwas in
mir wollte nicht glauben, dass dieses schöne Tier
nichts als böse war. In meiner Vorstellung war es
lieb und sanft und ich hatte das untrügliche Gefühl, dass noch ein anderes Wesen in ihm steckte.*

*Es muss 1963 gewesen sein, als sich diese Ge-
schichte ereignete. Mit meinen Eltern und meinen Brüdern verbrachte ich die Ferien in einem*

Dorf des Hessischen Berglands. Ich erinnere mich lebhaft an einen Tag, als wir durch die Wälder streiften und der ältere meiner Brüder ein ganzes Eiland goldgelber Pfifferlinge aufstöberte, worauf wir ihm den Titel ‚König der Pilze' verliehen.

Der Deutsche Schäferhund im Zwinger hieß Satan - ein schrecklicher Name, wie ich fand, von dem ich mich aber nicht täuschen lassen wollte.

Ich war allein mit ihm - zum Glück. Für das, was ich zu tun beabsichtigte, wäre die Gesellschaft eines Erwachsenen nicht von Vorteil gewesen. Nun blickte ich mich um, fand einen Hocker und platzierte ihn vor dem Hundegefängnis. Satan verfolgte mein Tun und reagierte noch wütender, da ich ihm so nah kam und doch unerreichbar blieb.

Ich wartete, saß einfach nur da. Wenn er innehielt, um sich hektisch die Schnauze zu lecken, bevor er zum nächsten Anfall ansetzte, machte ich: schsch... schsch...

Ich weiß nicht mehr, wie lange ich dort gesessen hatte, bis er zu bellen und zu geifern aufhörte. Aus den Augen ließ er mich jedoch nicht, zog immer wieder die Lefzen hoch und ließ sein furchterregendes Knurren hören. Jetzt fing ich leise mit ihm zu sprechen an. Nannte ich seinen Namen, richtete er die Ohren auf und lauschte. Rührte ich mich, grollte es wieder tief aus seiner Kehle.

Ich wartete und flüsterte, zärtlich und monoton, erzählte ihm eine kleine Geschichte nach der an-

deren, solange, bis er sich auf die Hinterläufe niederließ und eine entspannte Haltung einnahm.

Vorsichtig streckte ich eine Hand vor. Der Hund sprang auf die Beine und stürzte wild darauf zu, wenn auch eine Nuance weniger wütend als zuvor. Also musste ich weiter ausharren, ihm noch mehr erzählen. Die Hand hielt ich weiterhin ausgestreckt.

Da endlich ließ er ein erstes Fiepen hören, die Rute fing zögerlich zu wedeln an. Ganz langsam schob ich die Hand noch ein Stück weiter bis zu den Gitterstäben vor. Sofort kam die Nase heran, schnüffelte ausgiebig, worauf unmissverständlich erfreut die Zunge herausfuhr.

Jetzt würde ich es wagen.

Vorsichtig streckte ich die Fingerspitzen durch die Stäbe und Satan leckte zentimeterweise erst die Finger, dann meine Hand, ließ es zu, dass ich seinen Kopf streichelte und die Kehle kraulte.

Von Seibersdorf nach Mühldorf

Die Nacht war schlimm.

In meiner unteren Körperhälfte wütete ein nie gekannter Muskelkater. Geschlafen hatte ich so gut wie gar nicht, mich nur gedreht und gewälzt, auf der Suche nach einer körperfreundlichen Position. Währenddessen focht ich einen Kampf mit mir aus: Du bist selbst Schuld, das war die doppelte Strecke des Vortages. - Es klappte doch so gut, diese Muskelschmerzen hatte ich nicht kommen sehen. - Du neigst zum Übermut. - Ich mag das. - Dann lebe mit den Konsequenzen. - Für diese elende Matratze bin ich nicht verantwortlich, alles Mist. - Die Sache ist zu groß für dich, hast du vergessen, wie du gestern mit dem Fahrrad umgekippt bist, mit dem stehenden?? Sieh es ein, dein Körper wird mit so vielen Stunden Radfahren nicht fertig. - Vielleicht doch, es könnte ja sein, dass er mehr Gewöhnungszeit braucht. - Na ja, wenn du meinst… - Ich will nicht abbrechen, ich will es einfach nicht.

Jetzt ist es hell, so hell wie eben möglich. Weder Licht noch Luft haben in diesen Raum Zugang, was ich gelassen hinnehmen kann. Die Nacht ist vorüber, das allein zählt, auch, wenn sich meine Gliedmaßen anfühlen wie von Bud Spencer verprügelt. Bewegungsfähig sind sie, mehr darf ich heute Morgen nicht erwarten.

Um Acht habe ich Lupina gesattelt, den Rucksack aufgeschnallt. Wenn ich bedenke, wie steif und flügellahm ich eben noch die Treppe hinunter gestiegen bin, geht es gar nicht so schlecht.

So breche ich am vierten Tag meiner Reise wieder auf, einem Sonntag.

Seibersdorf und Stammham bleiben zurück, dann die Ortschaft Hofschallern. Ab hier habe ich meinen Inn wieder. Ich begrüße ihn laut, sage ihm, dass es mich freut, ihn wiederzusehen.

Auch das Naturreservat liegt nun hinter mir. Auf einem Damm geht es am Wasser weiter. Ich sehe dem Vorderrad zu, wie es munter über die kantigen Steine des Schotterbelags rollt. Kurz vor der Abreise hatte ich unplattbare Reifen aufziehen lassen - ein kluger Schachzug! -, vor Ort eine Sorge weniger.

Auch in Bezug auf das mitgeführte Gepäck hatte ich Umsicht bewiesen. Zusammengezählt wiegen Satteltaschen und Rucksack, einschließlich Trinkwasser und kleinem Mittagessen, nur siebeneinhalb Kilo, darin enthalten die Teilstreckenkarten, Luftpumpe, Ladegeräte, Fotokamera, Unterlagen zum Schreiben des Tagebuchs, Sandalen und so fort. Dass meine Garderobe kaum Abwechslung bietet, versteht sich von selbst und ist nicht weiter schlimm. Alle, die ich treffe, sehen mich ein Mal und nie wieder.

Wichtig ist die Plastikdose Waschpulver. Bisher habe ich jeden Nachmittag oder Abend einige Teile gewaschen, in Handtüchern ausgedrückt, zum Trocknen auf Bügel gehängt. Innerhalb einer Viertelstunde ist das erledigt. Noch lange könnte ich so leben. Ein Kleiderschrank von der Größe einer kleinen Fahrradtasche! Die vielen Bergtouren meines Lebens haben mich gelehrt, mit wenig auszukommen. Wer seine Habseligkeiten auf dem Rücken tragen will, wird bescheiden, und man glaubt nicht, wie befreiend das ist.

Der Inn vollzieht eine Kurve nach Norden, der Weg folgt ihr und berührt Marktl nur am Ortsrand. Hier gesellt sich die Bahnlinie dazu, die später Richtung Perach abdriftet. Ich bleibe, wo ich bin, in Begleitung des Inn, und habe einen weiteren Ort, den ich zurücklasse, ohne ihn besucht oder gar kennengelernt zu haben.

Strauchhoch säumen Blumen den Dammweg. Bärenklau, Frauenmantel, Schafgarbe, Kamille, Leimkraut kann ich noch so eben identifizieren, aber die kleine blaue Glockenblumenart, die sich staudenartig darunter mischt, bleibt namenlos für mich. Nach rechts fällt der Damm steil hinab, der Erdboden dort unten liegt weit unterhalb der Flussoberfläche. Risse man den künstlichen Wall ein, würde das Wasser weitflächig das Land überfluten. Höbe man die Wasserstandregulierung auf, würde der Inn im Frühjahr oder bei lang andauerndem Regen über den Damm treten.

Meine Knie bewegen sich gut und gleichmäßig, nichts tut weh. Plötzlich habe ich das Gefühl, genau das Richtige zu tun.

Der Inn strömt mir in gleichbleibender Breite entgegen, keine Winkel, keine noch so kleinen Buchten, nichts, dass Tieren ein Zuhause bieten könnte. Die Zeit der stillen Seen ist vorbei - für mich. Dem Fluss indessen stehen sie bevor, denn ich fahre ja stromaufwärts. Haben Flüsse eigentlich eine Vergangenheit und eine Zukunft?

Auch dieser Tag ist heiß. Ohne Schatten bin ich permanent der Sonne ausgesetzt. Ich habe mich zwar gut eingecremt, nehme mir aber vor, beim nächsten Stopp eine langärmelige Bluse überzuziehen.

Neuötting ergeht es wie allen bisherigen Orten, bleibt unentdeckt liegen, eine Brücke hätte mich bequem hinüber zur anderen Flussseite geführt. Ein kurzer Moment des Zögerns und Bedauerns, dann radele ich entschlossen weiter.

Selten werde ich überholt, stattdessen kommen mir die meisten Räder gruppen- und paarweise entgegen, viele bepackt, darunter eine achtköpfige Seniorentruppe, von denen mir jedes Mitglied ein gut aufgelegtes ‚Grüß Gott!' zuruft.

Ich erreiche einen Punkt, wo sich der Inn wie die Zunge einer Schlange spaltet. Die eine Seite bildet der sich kurvig windende Fluss, die andere der Innwerkkanal, dessen zweite Anschlussstelle sich ebenfalls am Inn, bei Jettenbach, befindet.

Mein Weg bleibt beim Kanal.

Nach fünf Fahrstunden habe ich genug.

Gelandet bin ich im sonntäglich verschlafenen Töging, wo ich nicht bleiben möchte, weil mich das reizende Städtchen Mühldorf lockt, bis wo, wie man mir sagt, nur zwanzig Minuten zu fahren sind. Dennoch entschließe ich mich zu einer ausgiebigen Rast, an einem der besten Orte, den ich mir in meiner Situation wünschen kann, einer italienischen Eisdiele. Mit Ach und Krach ergattere ich einen Tisch, ganz Töging scheint sich hier zu tummeln, bestelle ein Maß Orangenschorle, trinke die Hälfte gierig in einem Zug aus. Dann erledige ich das Zweitdringlichste, den Gang zum stillen, stressfreien Örtchen, den Namen trägt es zurecht. Hier muss ich nicht den Boden unter meinen Füßen kontrollieren, auf Dornen achtgeben, Zweige biegen, Fluginsekten verscheuchen. Keine Ameise krabbelt mir die Wade hoch und die Geschehnisse um mich herum muss ich nicht überblicken - als Alleinreisende hat frau ja niemanden zum Schmierestehen. Kurzum: Das Eiscafé in Töging hat mich rundum froh gemacht.

Bis Mühldorf brauche ich dann doch noch eine halbe Stunde, über schattenlose Wege. Dann ist der knapp aufgefüllte Akku wieder leer und der halbe Liter Orangenschorle fordert seinen Tribut.

Wo werde ich eine Bleibe finden? Auf der Suche danach befrage ich eine Kellnerin, an deren Augenlidern so dramatisch lange und dichte Kunstwimpern kleben, wie ich sie bislang nur von Bühnendarstellerinnen und Fotomodellen kenne. Solange ich mit der Trägerin rede, stelle ich mir vor, wie die Wimpernpracht der Schwerkraft folgend in die Minestrone eines Gastes plumpst.

Gegenüberliegend gibt es ein Hotel - zu teuer.

Das nächste ebenso. Da ich nicht weiß, wie lange die Reise dauern wird, ist es ratsam, mich mit allen Geldausgaben etwas zurückzuhalten.

Bleibt noch der Schwaigerkeller, von dem die Kellnerin nicht sicher wusste, ob er tatsächlich Betten im Angebot hat. Das Wirtshaus liegt außerhalb des Ortszentrums, einen Hügel hinauf.

Bevor ich mich an die Quälerei des Berganschiebens mache, möchte ich mir zum Thema Übernachtung Klarheit verschaffen, und spreche zwei junge Männer an, die vor einem Subway sitzen und Sandwiches verspeisen. Vielleicht sind sie ja Einheimische und kennen sich mit den Örtlichkeiten aus.

Ich stelle meine Frage und blicke dabei in etwas dümmliche Gesichter, in denen die Münder offen stehen und die Lider zu schwer sind, sie ganz zu heben. Die Jungs sind wohl dabei, sich von ihren nächtlichen Abstürzen nach oben zu arbeiten.

„Kennt ihr den Schwaigerkeller und wisst ihr, ob er Betten hat?"

Zwei Fragen zugleich, die beiden stieren mich an und kommen nicht mit. Mein Gott, sind die fertig.

„Schwaigerkeller. Da vorn den Berg hoch", helfe ich nach.

„Schweinekeller?"

Ich lache herzhaft. Heute Nacht haben sie eine ganze Kompanie Gehirnzellen vernichtet. In ihrer Welt wäre ich bereits zu Jugendzeiten untergegangen.

„S c h w a i g e r keller, ein W i r t s h a u s."

Bei diesem Begriff muss es ja eigentlich klingeln. Und wirklich.

„Ach so, der ist da oben", schaltet der eine und weist mit dem Finger den Berg hinauf.

„Kann man dort übernachten?"

„Hä?"

Ich habe keine Lust mehr auf Befragungen und fange an, Lupina die sonnenheiße Straße hinauf zu schieben. Wenn ich dort oben kein Zimmer bekomme, bin ich erledigt, denke ich gerade, als das Wirtshausschild auftaucht und darauf das gekreuzte Essbesteck sowie... ein Bett!

Ich stelle das Rad ab, gehe den Rest ohne.

Sie haben ein geräumiges freies Zimmer, von alter, gepflegter Gemütlichkeit. Nachdem ich Lupina nachgeholt und in der Garage untergestellt habe, dusche ich lange und kalt, lege mich unter die kühlen Laken, strecke die Glieder und stoße einen tiefen Seufzer der Erlösung aus.

Und wieder erlebe ich, wie sich mein Körper in Windeseile erholt, sobald ich ihm gebe, was er braucht. Nicht eine Minute werde ich mich für den Rest des Tages der Sonne ausliefern. So sitze ich gut beschattet auf der Terrasse, trinke Unmengen Wasser, schreibe, esse und lasse ab und zu von meinem erhöhten Standort aus den Blick über die Dächer Mühldorfs schweifen. Später laden mich die Wirtsleute Rosi und Alois für den Abend in die Gaststube ein. Da ich momentan der einzige Gast bin, haben sie etwas Zeit für einen Schwatz.

Wir hocken noch nicht lange beisammen, als ein Kerl in Warnweste hereinschneit und freudig begrüßt wird: ‚der Ferstl‘. Er hat Dienstschluss und ein nicht zu übersehendes Leuchten im Gesicht. Welcher Job mit Warnweste macht derartig zufrieden? Oder trifft eher ‚glücklich‘ zu?

Lokomotivführer für Güterzüge. Sein Traumberuf.

„Schon als kleiner Bub wusste ich, dass ich nie etwas anderes sein wollte", sagt er. Einzigartig das Gefühl, im Führerstand der achtzig Tonnen schweren Rangierlok zu sitzen, die Schlange der Waggons hinter sich zu wissen, wovon jedes einzelne Glied sein eigenes Supergewicht hat. Der Ferstl geht mit Hingabe zur Arbeit, und zwar immer, wie er betont. Nach manchen Langstreckenfahrten quartiert er sich im Schwaigerkeller ein.

Später erzähle ich von meiner Reise, dass ich Tagebuch schreibe und meine Erlebnisse veröffentlichen will, was uns zum Thema Bücher führt. Der junge Mann ist ein großer Literaturfreund.

Wie ich. Zeit meines Lebens bin ich ein Bücherwurm, der schon tausend Löcher gefressen hat, die wie kleine und große Tore zur Welt sind, und die stets aufs Neue diesen Appetit in mir wecken. Die Autoren dieser Bücher tragen eine Mitschuld daran, dass ich immerzu eine Sehnsüchtige bin.

‚Siddhartha'

Es war stockfinster, der Boden, auf den wir uns nicht zu setzen wagten, für alle Zeiten feucht und muffig. Einer von uns hatte eine Taschenlampe dabei, ihre Batterie war fast leer, der schwächliche Schein tastete langsam die Wände dieses abgrundtief hässlichen Ortes ab: ein Bunker.

Er stand neben den vielen Bahngleisen, die sich in unserem Stadtviertel wie braune Mikado-Stäbe nebeneinander aufreihten. Das Zugrattern hörten wir durch das Eingangsloch, aus Sicherheitsgründen hatte man die Tür entfernt. Allein die dicken Betonwände hätten dieses Geräusch geschluckt, waren sie ja fähig gewesen, der Detonation von Bomben standzuhalten, die siebzehn Jahre zuvor auf die Stadt niedergegangen waren.

Jeder von uns hatte nur eine ungefähre Vorstellung vom Sinn des Bunkers, unsere Eltern redeten mit ihren Kindern nicht über den Krieg. Mitunter schnappte ich auf, wie die Männer meiner Familie heftig über Nuklearbomben diskutierten. Was das sei, fragte ich. Etwas sehr Schlimmes, für das sich Kinder noch nicht interessieren sollten. Dass man sich vor dem, was man nicht versteht oder benennen kann, noch mehr fürchtet, bedachten sie nicht.

Das Betonbunkerversteck kam uns gerade recht, so düster und unheimlich, so nah und doch so abgelegen dieser vergessene Ort war, wenn man darin saß und geheime Pläne im Kampf gegen das Verbrechen schmiedete. Hier waren wir fünf Freunde, Richard, Julian, Anne, George, Tim, wobei letzterer in unserer Fantasie existierte, keiner von uns besaß einen Hund.

Am liebsten schlüpfte ich in die Rolle der Georgina, alias George, obwohl ihr Typus nur bedingt zu mir passte, denn mürrisch war ich eigentlich nie, eher von sonniger Natur. Ein Junge wollte ich auch nicht sein, darum auch nicht meinen Namen ändern. Aber mir gefiel es, wie mutig und selbstbewusst George war, wie sie sich mit den Jungen auf eine Stufe stellte, sich nicht klein machen ließ.

Mit meinem Büchereiausweis stand mir für ein paar Mark im Jahr die Welt der Kinder- und Jugendliteratur offen, so dass ich heißhungrig ein Buch nach dem anderen verschlang, sämtliche Fünf-Freunde-Bände mit eingeschlossen.

So blieb es. Ich las, wo immer sich Gelegenheit bot. ‚Immerzu steckt sie die Nase in Bücher, was das nur werden soll?', klagte meine Oma mütterlicherseits. Dieser Eifer hatte auf Leute, die nicht lasen, eine beunruhigende Wirkung. Wer weiß, was diese Seiten, die sie so begierig umblätterte, anrichteten, wozu sie sie anstifteten?

Eine berechtigte Sorge. Bücher können ja durchaus in der Lage sein, den Leser zu formen und zu beeinflussen. Hermann Hesse, dessen Texte ich in den Siebzigern zu Hauf inhaliert hatte, sah sein Amt als Dichter darin, nicht Wege aufzuzeichnen, sondern Sehnsucht zu wecken. Was mich betrifft, war ihm dieses Amt vortrefflich gelungen.

Eine Journalistin meines Alters erzählte, in ihrem damaligen Uni-Umfeld hätten sich die Studenten vornehmlich in Hesse- und Mann-Fraktionen aufgeteilt. Thomas Mann hatte wie Hermann Hesse zur Zeit des Dritten Reiches das Land verlassen. Bemerkenswert ist, dass die Arbeit Hesses in den Sechzigern von der Kritik zerrissen wurde, obwohl man ihm 1945 den Literaturnobelpreis verliehen hatte. Mit der Hesse-Euphorie in den Vereinigten Staaten fanden seine Schriften nach Deutschland zurück.

Am liebsten mochte ich die indische Dichtung ‚Siddhartha'. Viele sahen darin eine Art Bibel, wie auch ich, zu der Zeit hatte ich ja Gott aus den Augen verloren. In dieser Phase meines Lebens war ich, wie so viele von uns, auf der Suche nach mir selbst und ich lechzte nach spiritueller Orientierung in dieser chaotischen Zeit, die alles in Frage stellte, was wir in unseren Elternhäusern und in den Schulen gelernt hatten.

In ‚Siddhartha' geht es um einen jungen Mann, der Erleuchtung sucht, diese beim Fluss und dem dort lebenden Fährmann findet. Zwar hatte mich dieses Buch weder zur Buddhistin noch zur Hinduistin gemacht, aber so nachhaltig Saiten in mir zum Klingen gebracht, dass sie bis heute nachschwingen.

Doch nicht nur ‚Siddhartha' bewegte mich, jedes Hesse-Werk, das ich gelesen hatte, verfehlte seine Wirkung nicht. Was war es nur, das mich so packte, in tiefer Seele ansprach, als hätte sich der Dichter mit seinen Worten persönlich an mich gewandt? Nie hatte ich mir Gedanken über dieses

Warum gemacht, erst jetzt versuche ich, der Magie von damals und heute nachzuspüren.

Gewiss faszinierte mich seine poetische Sprachkunst. Ich folgte ihm gerne in diese Tiefe, mit der er Mensch und Natur beschrieb, tauchte ein in die Seelenlandschaften, die er zu zeichnen verstand. Seinen Gedankengängen zu folgen fiel mir nicht schwer. Für mein Verständnis schufen seine Worte eine moralisch bessere Welt, an die ich unbedingt glauben wollte. Wenn man so will, war Hermann Hesse mein selbst gewählter Lehrmeister, der mir eine Art von Blick auf das Leben gab, wie ich ihn nirgendwo sonst fand. Schon möglich, dass ich meine Liebe zur Natur ihm zu verdanken habe. Heute frage ich mich, ob er mir, entgegen seiner oben genannten Aussage, doch Wege aufgezeichnet hat. Nein. Aber Richtungen.

Ich habe ihn stets so verstanden, dass ‚Erkenntnis' nur über den selbstbestimmten und individuellen Weg erlangt werden kann, sofern jemand überhaupt danach trachtet. Diesen Weg zu finden ist heute auf andere Weise schwer, als es zu Lebzeiten Hesses war, weil unsere vielgepriesene Freiheit nicht selten eine gut getarnte Knechtschaft ist.

‚Siddhartha'. Ich muss lächeln, wenn ich daran denke, dass ich in den Siebzigern indische Kleider und Blusen trug. Viele junge Frauen bevorzugten zu dieser Zeit Kleidung aus Indien und drückten

damit ihr Lebensgefühl, ihre Lebenshaltung aus. Ein Kleid ist mir in besonderer Erinnerung. Es war grasgrün und natürlich lang, am Saum und um den Ausschnitt herum bunt bestickt. Weil es unterhalb der Brust in Falten gelegt war, konnte ich es tragen, bis mein Sohn geboren wurde, 1978.

'Siddhartha'. Ein Mann, der seine Bestimmung sucht. Ein Mensch, den es nach Erleuchtung verlangt, so sehr, dass ihn der Wunsch nie losgelassen hat. Beim Fluss und beim Fährmann 'Vasudeva' findet er, was er so dringend sucht und fast aufgegeben hat. Dieses Bild der grundverschiedenen, in Freundschaft verbundenen Männer und ihrem Fluss, von dem sie hingebungsvoll lernen, war mir stets im Gedächtnis geblieben, durch die Feder Hesses auf Papier gebannt, mir von dort als unbestimmte Sehnsucht ins Herz projiziert.

Vier Jahrzehnte mussten vergehen, bis es soweit war, dass ich mich aufmachte, meine eigene Geschichte beim Fluss zu erleben. Jeden Tag würde ich ein neues Kapitel schreiben, jeden Tag mein Herzblut geben. Ganz so, wie es der Ferstl tut.

Von Mühldorf nach Gars

Wieder eine Nacht der Muskelschmerzen. Wieder eine Nacht des Zwiespalts. Und wieder eine Nacht, in der ich dreimal das Bad aufsuchen musste. Noch vier Tabletten sind in der Packung.

Fünfter Tag. Montag.

Am Morgen geht es mir besser, aber das rechte Knie und das rechte Fußgelenk sträuben sich gegen Belastung. Auf der Treppe muss ich das Bein Stufe für Stufe nachziehen.

Im Ort kaufe ich im Obstgeschäft je ein Pfund Kirschen und Johannisbeeren. Ein Herr, der gerade einen Morgenschwatz mit der Verkäuferin hält, fragt, was ich denn Schönes vorhabe, wohin ich fahre. Maloja? Wie wunderbar! Es freut mich immer, begeisterte Menschen wie Sie zu treffen, fügt die Obsthändlerin hinzu. Ihr Kunde nickt bestätigend, dann schwärmt er von der Schönheit des Oberengadins und ahnt nicht, wie ermutigend seine Rede auf mich wirkt.

Versorgt mit guten Wünschen verlasse ich das Geschäft.

Weitermachen. Nicht aufgeben.

An der Westseite der Inn-Schleife, die Süd-Mühldorf umschlingt, bleibe ich stehen und betrachte den Fluss. Sein Aussehen hat sich nicht geändert: ein Strom immerfort schäumenden Milchkaffees, durch dessen Fluten wolkengleich mikroskopisch feine Sandkörnchen schweben.

In Mühldorf sagt man, Ende August, pünktlich zum Beginn des alljährlichen Volksfestes, sei der Inn wieder grün. Noch vor zehn Jahren konnte man sich auf diese Regel verlassen.

Aber der Biorhythmus des Flusses hat sich verändert. Dieser sah mal so aus: Mit Frühjahrsende kam das Schmelzwasser aus den Schweizer und Tiroler Alpen, brachte Ablagerungen, Laub und alles, was die Natur so produziert, aus den trockenen Bachbetten mit. Der Fluss trübte sich ein, bis er nach der Schneeschmelze wieder so grün und klar wurde, wie er in Liedern besungen wird.

Heute transportiert er auch im Spätsommer den Sandstaub, was zur Folge hat, dass es die Fische schwerer haben Nahrung zu finden. Dadurch sind vom Aussterben bedrohte Arten noch stärker gefährdet als bisher.

Der Inn hat ein Schlammproblem. Doch warum?

Die gewichtigste Antwort darauf ist die Gletscherschmelze. Was sich oben in den Bergen in gigantischem Umfang auflöst, sind nicht mehr allein das Eis und der Schnee vergangener Winter. Es ist jahrtausendealtes Eis, das Gesteinssedimente enthält. Da ein Gletscher stets in Bewegung ist, zermahlt er an seiner Unterseite den Fels, auf dem er liegt, so dass mit dem Eis auch das Gestein schwindet. Das Beispiel des Vernagtgletschers aus den Ötztalern macht diesen Vorgang deutlich. Sein Eis erstreckt sich über eine Fläche von mehr als sieben Quadratkilometern, dessen Schmelzwasser speist den gleichnamigen Bach. Über ihn nimmt das Urgletscherwasser seinen Lauf, über die Rofenache, die Veneterache, die Ötztaler Ache und den Inn, mit dem sich die Reise weiter fortsetzt. Bach für Bach und Ache für Ache transportieren den Gesteinsabrieb - die sogenannte Gletschermilch - aus den Hochgebirgen ins Tal. Was aber längst nicht alles ist.

Im Einzugsgebiet des Inn liegen insgesamt fünfhundertfünfzig Quadratkilometer Eismasse. Was sich davon auflöst und in den Ostalpenfluss abfließt, ist eine so riesige Menge, dass nachvollziehbar ist, warum sich sein Gletscherwasseranteil - besonders innerhalb der letzten zehn Jahre - gravierend erhöht hat. Der Hauptgrund für die Eintrübung des Wassers ist also diese Entwicklung und längst fragt man sich, wie es sein wird, wenn die Eiskolosse der Ostalpen vollständig abgetaut sind. Kunstschneepisten, wohin die Augen schauen? Wie werden sich Substanz und Aussehen der Alpenflüsse verändern? Klimawandel bedeutet eben auch immer Naturwandel.

In St. Erasmus bei Waldkraiburg lande ich in einer Sackgasse, was merkwürdig ist, weil mich das Radwegschild dorthin geschickt hat.

Konsterniert stehe ich herum, versuche anhand der Karte eine andere Route zu finden. Eine Frau, die in ihrem Garten arbeitet, eilt herbei, um zu helfen. Oft stünden hier Radfahrer und wüssten nicht weiter, sagt sie. Als ich das Ziel meiner Reise erwähne, reißt sie entgeistert die Augen auf: „Zum Ursprung? Ach herrje, da haben Sie sich ja was vorgenommen!" Stimmt, das hab ich wohl.

Trotz ihrer Hilfe gelingt es mir nicht, den Weg zu finden, schon bald sitze ich erneut fest. Ich hole eine zweite Auskunft ein und werde in eine andere Richtung geschickt. Das nervt! Ich will nichts als fahren, dem Vorderrad beim Rollen zusehen, das Herumirren unter heißer Sonne kostet Kraft.

Endlich gelange ich an den Deich des Innwerkkanals. Eine Weile geht es daran entlang, bis ich über eine Zufahrt hinauf kann. Das Fahrvergnügen findet aber ein rasches Ende, als ich auf die zweite Anschlussstelle des Kanals stoße.

Ein bemerkenswerter, vom Wasser geprägter Ort. Von vorn strömt der Inn heran, um sich in die nächste und die übernächste Kurve zu stürzen, bevor er Mühldorf erreicht. Eingesperrt wogen neben mir die Fluten des Kanals, als warteten sie darauf, sich mit Macht zurück in den Inn zu ergießen. Eine Wehranlage trennt die beiden Wasserstraßen.

Ich habe Hunger. Ich habe Durst. Und ich muss wenigstens für die Dauer einer Pause der Sonne ausweichen, sonst strecke ich bald alle Viere von mir. Überdies verlangt mein Körper heftig nach dem Kämmerlein, das die Kaiserin zu Fuß aufsucht. Vier elementare Bedürfnisse, die hier und jetzt befriedigt werden müssen.

Zuerst das Kämmerlein.

Weit und breit kein Versteck, in das ich kriechen könnte. Auf dem Kanaldamm war es nicht anders gewesen. Daheim hatten manche Leute gemeint, es sei doch bestimmt unkompliziert, immer am Fluss entlang zu fahren. Sie wussten nicht, dass auf einer solchen Reise profane Alltagsdinge zu Schwierigkeiten ungeahnten Ausmaßes anwachsen können. Wo also kann ich, in Gottes Namen, meinem drängenden Bedürfnis nachgehen, bevor ich mich einnässe wie ein Kleinkind?

Ein Wehranlage-Mitarbeiter! Soeben tritt er aus einem Gebäude heraus. Dieser freundlich dreinschauende Mann könnte mein Retter sein, denn wo jemand berufstätig ist, schlussfolgere ich, gibt es eine Toilette. Andererseits ist sie nicht öffentlich und vielleicht erlaubt die Wehranlagehausordnung eine Benutzung durch Touristen nicht.

Wie bringe ich ihn trotzdem dazu, mir die Tür zum WC zu öffnen? Am besten fange ich es clever an, stelle eine Vertrauensbasis her, verwickle ihn in ein Gespräch, Themen gibt es ja genug.

Als er mir eine Zimmervermietung in Mittergars nennt, bringe ich mein Problem zur Sprache.

Er lacht. Und verliert keine Zeit, marschiert hurtig zurück zum Wehrgebäude. Ich eile, so hurtig es mir unter den Umständen möglich ist, hinterher. Nachdem er eine Tür geöffnet hat, folgt eine zweite und noch eine dritte... und da steht er, so herrlich und begehrenswert: der weiße Topf, den ich Tag für Tag als selbstverständlich hinnehme, der in Wahrheit purer Luxus ist... siehe die Milliarde Erdenbürger, die ohne Toiletten leben müssen.

Nun suche ich noch den idealen Ort für meine Rast, finde ihn an der rückwärtigen Hauswand: ein Schattenfleck, klein wie eine Tischplatte. Hier steht ein Betonkasten, auf dem ich es mir gemütlich machen kann, der so kalt ist, dass mir Schauer über den Rücken rieseln.

Es wird ein fabelhaftes Mittagsmahl.

„Siehst du, Lupina", philosophiere ich und kaue genüsslich meine saftigen Mühldorfer Kirschen, „viel braucht's nicht zum Glücklichsein."

Ich komme gut voran, doch es bleibt heiß. Die Energie, die vom Himmel brennt, raubt mir meine eigene. Dann taucht ein Wald vor mir auf, die Straße führt hinein und ich entwische der Hitze. Die Erholung unter Blätterdächern ist mir aber nur kurzzeitig vergönnt, schon bald tritt die Straße daraus hervor und ich wundere mich, dass mir seit geraumer Zeit kein Radfahrer begegnet ist.

Ein Anstieg. Fahrend komme ich nicht hinauf, ich steige ab und laufe. Dann die Belohnung, den Hügel hinab.

Und wieder bergauf. Der Schweiß beißt in den Augen, ich schmecke Salz, wenn ich mit der Zunge über die Lippen fahre. Das hier zehrt mehr an der Kraft als ein Tausend-Meter-Aufstieg in den Alpen bei bewölktem Himmel.

Mittergars! Endlich. Ich rolle in das Dorf und bin fix und fertig. Gleich werde ich unter einer kühlen Dusche stehen.

Doch es soll noch nicht zu Ende sein.

Die Zimmervermieter Hans und Renate habe ich innerhalb weniger Minuten gefunden, sie würden mir auch liebend gern die ersehnte Dusche geben, doch leider ist die kleine Privatpension ausgebucht.

Unsere Begegnung spielt sich am kühlen Treppenaufgang vor der Tür des Hauses ab. Die Beiden laden mich ein, hier eine Pause einzulegen, mich ein wenig auszuruhen, bevor ich zurück auf die Sonnenpiste gehe und weiterschwitze. Renate geleitet mich zu einem Wirtschaftsraum, wo ich die fleckige Brille putzen, Gesicht und Hände waschen kann.

Derweil bringt Hans frisch gepressten Apfelsaft und einen Krug Brunnenwasser. Und dann sitzen wir gemeinsam vor der Tür und die beiden geben

Acht, dass ich nicht, vom Hitzeschlag getroffen, von der Bank falle.

Das Dorf hat keine weiteren Gästezimmer. Ich muss es in einem anderen Ort versuchen, in welchem, wird sich nun heraus stellen. Renate holt Telefon und Nummernverzeichnis, innerhalb von fünf Minuten hat sie mein Bett gefunden - in Gars.

Noch eine dreiviertel Stunde Fahrtzeit.

Radfahrer! Die in dieselbe Richtung fahren, eine Seltenheit.

Einer nach dem anderen überholt mich. Zwölf Männer.

Schon bald treffe ich die Gruppe wieder. Diskutierend stehen sie an einer Straßenkreuzung. Es scheint Uneinigkeit über den weiteren Wegverlauf zu herrschen.

Ich radele an ihnen vorbei. Als ich mich später umdrehe, stehen die Männer immer noch da und reden. Ein solches Problem habe ich nicht. Dafür muss ich mich mit allen Schwierigkeiten alleine herumschlagen.

Endlich haben sie sich auf denselben Weg geeinigt, den ich fahre, denn nun überholen sie mich ein zweites Mal. Die beiden letzten trudeln hinterher, murren und meckern, hängen sich ab. Die Entscheidung über den Fortgang des Weges ist nicht in ihrem Sinne gefallen.

Ein Hügel. Einer von der hohen Sorte. Dort oben thront Gars, ich sehe den Kirchturm aus Bäumen und Häusern ragen.

Bitte nicht, stöhne ich, nicht dort hinauf.

Doch. Ich muss. Gars ist der nächstgelegene Ort. Er hält ein Bett für mich bereit und ein Bad und ein Frühstück...

Die Anschrift lautet: Im Graben. Was auch immer das für mich bedeutet.

Seit mir der Inn an der Wehranlage entgegen gestürmt war, habe ich ihn nicht mehr gesehen.

Die Karte verrät, dass er nach wie vor in Kurven verläuft, an denen es meistens keine Wege gibt. Bis weit hinter Wasserburg windet er sich in engen Schlaufen. Aus der Luft betrachtet sieht das gewiss prächtig aus.

Die Hügellandschaft des tief eingekerbten Tals ist im hiesigen Teil des Alpenvorlandes auf der rechten Uferseite höher als auf der linken. Gars befindet sich etwa hundert Meter über dem Inn. Bevor ich mich die Straße hinauf quäle, muss ich den Fluss überqueren. Auf der Brücke steige ich vom Rad, lausche eine Weile dem Tosen, sehe dem fließenden Wasser zu. Gern würde ich hier bleiben und mich nicht mehr vom Fleck rühren.

Wie viele Tage werden noch vergehen, bis ich seinen Ursprung erreiche? Zwölf? Vierzehn? Vielleicht erreiche ich ihn nie? Zweihundertfünfzig

Meter ist er in der Kurve dort hinten breit, von seiner Kindheit mehr als vierhundert Kilometer entfernt. Sollte ich wirklich eines Tages in Maloja eintreffen? Wenn ja, werde ich den Aufstieg zum Lunghinsee schaffen und - den Abstieg? Ich glaube nicht daran, aber ich träume davon und halte daran fest wie eine, die ihr Wolkenkuckucksheim auf Biegen und Brechen besetzt hält.

Dann steige ich über den Gehsteig der Straße zu Fuß den Hügel hinauf. Meine Schiebekraft kann ich effektiver nutzen, wenn ich mit einer Hand den Sattelrand, mit der anderen den Lenker umfasse. Mein Gott, was bin ich müde.

Gars glüht und ist menschenleer. Ich habe keine Ahnung, wo die Graben-Straße sein könnte, und da ich ja GPS-Verweigerin bin, sehe ich keine andere Möglichkeit, als für eine Auskunft irgendwo anzuklingeln oder ein Auto zu stoppen. Probieren könnte ich es auch in der Praxis für Physiotherapie, an der ich soeben vorbeifahre.

Die Tür ist offen und ich trete ein.

Niemand da. Der Computerbildschirm leuchtet, auf dem Empfangstresen steht eine Schale Kaubonbons.

Ich rufe. Keine Reaktion. Lauter. Nichts. Ist der Therapeut auch gleichzeitig der Empfangsmitarbeiter und hat er sich für ein Schläfchen zurückgezogen? Wer hier arbeitet, hat ein geruhsames

Leben und einen mageren Verdienst. Unverrichteter Dinge greife ich in die Schale und trete, mit zwei Bonbons in der Hand, wieder nach draußen. Just in dem Moment sehe ich ihn: ein junger Mann im weißen Outfit. Er trägt eine Bäckertüte unterm Arm und hat es eilig in seine Praxis zu kommen.

„Verzeihung, ich habe Sie bestohlen", beichte ich unverzüglich und zeige ihm das Diebesgut, „eigentlich wollte ich nur nach dem Weg fragen."

„Macht nichts", lacht er, „tut mir Leid, dass ich nicht da war, hab mir nur was zu essen geholt. Wohin wollen Sie denn?"

„Die Straße heißt ‚Im Graben', kennen Sie sie?", frage ich und beobachtete, was mir sein Gesicht verraten könnte.

„Hm... ja, kenn ich", erwidert er und lächelt wissend, „bleiben Sie auf dieser Straße, dann beim roten Haus links einbiegen und etwa vierhundert Meter geradeaus, bis es nach links steil in den Graben runter geht."

Klar. In den Graben. Was hatte ich erwartet? Ich bedanke mich und schwinge mich aufs Fahrrad. Und wieder hinein in die Sonne.

Fünf Minuten später habe ich die Graben-Straße gefunden, sie zweigt von der Bundesstraße ab, hinunter in eine Schlucht.

Rosa, die alte Dame des Hauses, wartet bereits auf mich.

Zuerst bringen wir Lupina in der Garage unter, dann führt mich meine Wirtin in einen Raum, der mit zwei Betten, einer Küchenzeile und diversen Möbeln ausgestattet ist - meine zugestellte, sympathische Null-Sterne-Ferienwohnung. Das Bad am Ende eines langen Flures muss ich mit einer zweiten Frau teilen. Nicht so die überdachte Terrasse, zu der ich direkten Zugang habe. Daneben schließt sich ein rechteckiger Pool an, der groß genug ist, um ein wenig darin zu schwimmen.

„Wenn Sie möchten, bitte", sagt Rosa und deutet dorthin, gern könne ich auch vom Brunnenwasser trinken, das in süßem Überfluss Tag und Nacht in eine Duschtasse läuft.

Später bringt sie mir eine Flasche Rotwein, direkt vom Winzer, wie sie sagt, ein feiner Tropfen und ein Glücksfall dazu, denn bis zum nächsten Gasthaus sei es weit. Wie freue ich mich, dass ich noch Reste vom Frühstück dabei habe! Ein Ei, ein Schinkenbrot, eine Handvoll Radieschen.

Kurzum: Ich bin im Paradies gelandet.

Die andere Frau könnte ein Gast sein oder auch eine Verwandte der Vermieter. Über unsere Begrüßung hinaus lerne ich allein ihr Baderitual kennen: schwimmen, duschen, schwimmen, duschen - und wieder springt sie mit einem Jauchzer in den Pool, bis zum Abend hat sie damit zu tun. Wechselt sie die Örtlichkeit, dampfend und umwölkt vom Parfum ihres Duschgels, lächelt sie beglückt und fast schon entrückt, wie eine, die im Begriff ist, sich den Kummer ihres Lebens vom Leib zu waschen und zu spülen.

Irgendwann hat sie sich in ihr Zimmer zurückgezogen. Das Poolwasser liegt entspannt da wie eine blaue Glasscheibe. Gerade will ich hinein, als mir der noch nicht ausgestandene Infekt einfällt. Also lieber nicht, der Spaß ist das Risiko nicht wert.

Der Wein, ein Blauer Zweigelt aus dem Burgenland, schmeckt köstlich, aber bereits nach einem Schluck fährt mein Hirn Achterbahn. Der Tag hat mich doch etwas ausgezehrt und das Wenige, das ich gegessen habe, liefert nicht die Kalorienbasis für eine abendliche Zecherei. Außerdem, das darf ich nicht vergessen, nehme ich ja noch das Medikament. So sitze ich, trunken von ein paar Tropfen Wein, auf meiner Terrasse und lasse beim Schreiben und Lesen die Schinderei dieses Tages Revue passieren.

War das nun heute eine Überanstrengung gewesen oder nicht?

Beim Bergwandern hatte ich oft weit mehr geleistet, allerdings, wo eben möglich, Aufstiege in praller Sonne vermieden. Hätte ich der Dauerbestrahlung dieses Tages ausweichen können? Keine Chance. Hinzu kamen die diversen Probleme, die gelöst werden mussten. War es deshalb ein Tag zum Abgewöhnen? Einer, den ich lieber nicht erlebt hätte? Klare Antwort: Nein.

Das glühende Herz

Etwas intensiv tun oder lieber gar nicht, Spaß an Oberflächlichkeit hatte ich noch nie, war ich doch ein verträumtes Kind, in dessen Brust ein kleines, aber hingebungsvolles Herz schlug. So vergesse ich jenen Morgen nicht, als mich Fräulein Erna L. in der Pause vom Schulhof fischte, wo ich um die Bäume jagend mit anderen Kindern fangen spielte, wie sie mich mit grober Hand in den Nacken packte, ins Lehrerzimmer zerrte und dem Kollegium präsentierte: Haben Sie jemals so ein rotes Gesicht gesehen, so ein verrücktes Kind? Nein, das hatten sie wohl nicht.

Am nächsten Tag rannte ich wieder, bis Gesicht und Herz glühten. Ich konnte nicht anders. Leben wollte ich! Nie fad, immer mit vollem Einsatz und so viel Freude wie möglich. Mein Leben lang war ich bereit für den schwindelerregend glücklichen Moment... und sei er auch ganz still.

Es muss im Herbst 1959 gewesen sein, kurz vor Weihnachten, meine Einschulung lag vier Monate zurück, als ich nach wochenlanger Krankheit zum ersten Mal aufstehen durfte. Meine Mutter hatte mir einen Schuhkarton gegeben, den ich als Pup-

penbett benutzte. An einer Schnur zog ich es hinter mir her - ich höre noch die Pappe über das Linoleum rutschen! -, vom Wohnzimmer in die Küche und umgekehrt. Mein 'Kind' hatte Fieber und Husten und musste das Bett hüten. Die Welt sollte es trotzdem sehen, von seiner fahrenden Liegestatt aus, ganz so, wie der kleine Häwelmann aus der Theodor-Storm-Geschichte.

Zerbrechlich hatte ich mich gefühlt, etwas zittrig auf den Beinen, Mutter sagte, mein Gesicht wäre so schmal geworden. Aber ich war überglücklich mit meinem Kartonbettchen und meinem Schützling, den ich warm zugedeckt hatte. Es fühlte sich an, als hätte mit diesem Spiel mein Leben neu angefangen.

Von Gars nach Wasserburg

Landidylle im Graben: Der Bach plätschert, in der Nachbarschaft kräht sich ein Hahn heiser, im gegenüber liegenden Waldhang scheinen alle Vögel da zu sein, es ruft, gixt, trillert mit tausenden von Stimmen. Tiefer und tiefer tasten sich die Sonnenstrahlen hinab in die kleine Schlucht und vertreiben die Schatten. Noch ist es so kühl, dass ich die untere Körperhälfte in eine Wolldecke gehüllt habe, noch bin ich nicht ganz gesund, wenn auch die Tablettenschachtel fast leer ist. In der Nacht habe ich mich mit Muskel- und Knieschmerzen geplagt, mal wieder.

Während ich mit der Morgentoilette beschäftigt war, hatte sich Rosa als Heinzelmännchen betätigt und das Frühstückstablett auf den Terrassentisch gestellt. Es ist der sechste Tag und ich habe ein neues Ziel: Wasserburg.

Gerade studiere ich die Karte, als Rosas Mann herantritt und mir interessiert über die Schulter schaut, ein charismatischer Typ, dem Hollywood-Darsteller Harvey Keitel wie aus dem Gesicht geschnitten. Rudolf und seine hübsche Rosa dürften wie Keitel Ende der Dreißiger geboren sein.

Diese Strecke habe es in sich, warnt er, ein Hügel reihe sich an den nächsten, viele Steigungen seien zu bewältigen. Er schlägt vor, auf den klassischen Inn-Radweg zu verzichten, abseits davon übers Land zu fahren, wo die Hügel weniger steil sind.

Ein Vorschlag, den ich dankbar annehme.

In den Alpen werde ich es mit Steigungen ganz anderen Kalibers zu tun haben, die ich allesamt zu Fuß werde gehen müssen. Ich darf die Knie nicht schon am Anfang zu stark beanspruchen. Dass die entlastete Bewegung des Radfahrens günstig bei Kniearthrose ist, ist ja allgemein bekannt, dass ich beim Fahren nicht die geringsten Schmerzen habe, überrascht mich doch. Im Hinblick auf die künftigen Gehstrecken muss sich die Kraft in den Knien aber auf jeden Fall verbessern, sonst ist das alles nicht zu schaffen.

Das Sonnenlicht hat nun den Grund der Schlucht erreicht. Neue Hitze wird schon bald die frische Morgenluft ablösen. So habe ich mein Fahrrad noch nicht ganz aus dem Graben geschoben, als ich bereits schwitze. Ich durchquere Gars, vorbei an der Praxis für Physiotherapie, dann bergab, den Hügel hinunter, der Fahrtwind trocknet und kühlt die Haut. Statt hinter der Brücke den Inn-Weg einzuschlagen, radle ich weiter auf Haiden zu, ein Stück weg vom Fluss. Kurz danach biege ich nach rechts ab und fahre nun auf der Bundesstraße in Richtung Brandstätt, die leider keinen Radweg, aber zum Glück nicht viel Verkehr hat.

Der erste Hügel. Lang zieht sich die Straße hinauf, zu steil zum Fahren. Also absteigen, schieben. Gerademal fünfzehn Minuten bin ich unterwegs. Auf der Anhöhe folgt das Vergnügen: eine Schussfahrt zum Genießen. Ha! Ich fahre ins Engadin! Was soll mich aufhalten? Ich lache und zerspringe fast vor Übermut.

Dabei könnte dieser Höhenflug, im Doppelsinn des Wortes, mit der Nase am Boden enden, weil ich alles andere als eine versierte Radlerin bin, die es sich leisten kann, ordentlich Gas zu geben. Mein Fahrrad hatte ich mir nämlich erst sieben Wochen vor Antritt der Reise zugelegt, die Gewöhnungszeit ist kurz gewesen. Zudem liegen einige Jahre hinter mir, in denen ich gar nicht Rad gefahren bin. Erst hier am Inn muss ich mich zur guten Fahrerin entwickeln. Hoffentlich.

Braunweiße Kühe verharren regungslos, haben mir die wuchtigen Köpfe zugewandt, bis ich bei ihnen angelangt bin, vom Rad steige und einen guten Morgen wünsche. Ich beschließe, ein paar Minuten hier zu bleiben, ihnen beim Grasrupfen zuzusehen, weil mich diese Beschäftigung erdet und mir die Gesellschaft von Kühen ohnehin gut tut. So stehe ich am Weidenzaun und spüre, wie sehr ich mich danach sehne, nicht nur meiner mentalen, auch meiner physischen Kraft vertrauen zu können, in dieser Reise verwurzelt zu sein, an ihrem Fortgang nicht mehr zweifeln zu müssen.

Auf asphaltiertem Weg durch Wiesen und Weiden geht es dann weiter, der Blick schweift voraus. Da sehe ich sie, zum ersten Mal: Berge!

Freudig erregt krame ich eine Atlaskarte hervor und suche meinen Standort. Achtzig Kilometer östlich liegt München und der gezackte Streifen dort am Horizont dürften die Bayrischen Alpen sein. Weniger als sechzig Kilometer entfernt wartet im Süden das Kaisergebirge, die Sicht dorthin versperrt.

Das grüne Land, durch das mein Rad über die Sträßchen rollt, ruht unter der Sonne wie unberührt, nirgendwo eine Menschenseele, weder zu Fuß noch per Rad, selten kommt ein Auto vorbei. Die Steigungen sind tatsächlich erträglich, doch es ist heiß, Schatten gibt es auch hier nicht.

Schließlich geht es doch steiler hinauf, über ein langes Stück, das Schieben ist mühevoll. Kraftsparendes Gehen, beim Bergwandern normal für mich, gelingt beim Radschieben noch gar nicht. Ich ertappe mich immer wieder dabei, dass ich zu schnell laufe.

Wie mag es auf dem Inn-Weg zugehen? Mit der Direktroute versäume ich das Kraftwerk Teufelsbruck sowie die Felsschlucht, durch die sich der Fluss dort pressen muss. So spannend beides wäre, kommt es mir primär darauf an, das Tagesziel überhaupt zu erreichen. Insofern bedauere ich nichts, bin einfach nur froh, dass mir noch stärkere und längere Steigungen erspart bleiben.

Seit einer Weile steuere ich auf eine Kreuzung zu. Nach rechts und links zweigen Straßen ab, geradeaus geht es in einen Wald. An dieser Ecke steht bewegungslos ein Mann und hat mich offenbar im Visier. Beim Näherkommen erkenne ich, dass er Jägerhut und Lodenweste trägt; die Hände in den Hosentaschen vergraben, sieht er mir unverhohlen neugierig entgegen. Normalerweise ist diese Region ja fahrradtouristenfrei.

Nach kurzer Plauderei weist er mir den Weg ‚ins Holz', bis ganz hindurch müsse ich fahren. Wunderbar, nun wird es endlich Schatten geben!

Also hinein in den Wald…

Wie betörend die erdige, sauerstoffreiche Luft!

Über Hügelchen und Mulden schlängelt sich der Weg, vorbei an sonnengefluteten Lichtungen, in denen Mückenschwärme tanzen. Zwischen Fallhölzern stehen Farne, blühen Buschwindröschen und Bärlauch. Wie schön es hier ist! Hingerissen von den Licht- und Schattenspielen der Bäume, fühle ich mich wie verzaubert und beglückt von der wilden Romantik dieses Märchenwalds.

So sehr ich die Fahrt genieße, so sorgfältig muss ich auf Wurzeln und Steine achten, die mich im

Handumdrehen vom Sattel werfen könnten. In diesem Falle wäre ich wohl auf die Hilfe von Hase und Fuchs angewiesen, weil mir, außer dem Lodenmann am Waldeingang, heute kein Zweibeiner begegnet ist. Als die wonnevolle Fahrt durch die Waldeskühle vorbei ist, bin ich enttäuscht.

Es folgen weitere eineinhalb Stunden in praller Sonnenhitze, bis ich den Penzinger See und sein Freibad erreiche. Bis Wasserburg nur noch dreißig Minuten!

Bevor ich in der Stadt auf Quartiersuche gehe, brauche ich noch eine Pause. Da weit und breit keine Bank zu sehen ist, spreche ich den Kassierer an der Eingangspforte des Freibades an.

„Grüß Gott! Würden Sie mir wohl erlauben, auf der Bank dort zu sitzen? Um mich etwas auszuruhen, bevor ich weiterfahre."

„Das ist Freibadgelände. Sie dürfen es nur betreten, wenn Sie Eintritt zahlen. Suchen Sie sich doch einen Sitzplatz vor dem Bad."

„Hier gibt es keinen. Die Bank steht doch gleich da vorn, keine zehn Schritte von hier. Sie werden sehen, dass ich mich nicht von der Stelle bewege. Und nach einer halben Stunde verschwinde ich."

„Tut mir Leid. Das kann ich nicht gestatten."

Mister Prinzipienreiter beäugelt doch tatsächlich, ob ich mein Fahrrad aus dem freibadeigenen Ständer hebe. Soll ich mich über ihn ärgern oder über mich selbst, weil ich mich, entgegen meiner

Grundsätze, ärgere? Jedenfalls fahre ich schmollend zurück und suche mir ein Stück Wiesenrand, auf das ich mich setzen und ein Eckchen Seeblick erhaschen kann.

Als ich mich auf das Gras niederlasse, halte ich das rechte Bein gestreckt, so weh tut das Knie. Leise fluchend ziehe ich die Schuhe aus, um das ebenfalls schmerzende Fußgelenk zu massieren.

Da sitze ich, statt auf der Schattenbank, im Sonnengras, tupfe Schläfen und Oberlippe trocken und denke über mein Leben am Inn nach, über all die widerstreitenden Gefühle, mit denen ich mich seit einer Woche herumschlage.

Dieser Tag hat bislang am meisten von mir gefordert und ist fast geschafft. Zufrieden bin ich nicht, eher traurig. Ein Wunder, dass mein Körper auf dem Sattel so friedlich ist! Doch leider wird das nicht reichen. Nicht das Radeln ist das Problem, sondern das Gehen, und wie oft werde ich noch gehen müssen! Ganz zu schweigen von dem Fußmarsch, der am Ende auf mich wartet. Was ist die Reise wert, sollte ich auf das große Ziel, den Ursprung, verzichten müssen? Wie lange kann ich noch gegen diese Zweifel anradeln und die Resignation verhindern? Wasserburg hat einen Bahnhof, morgen könnte ich im Zug sitzen und der Spuk wäre vorbei.

Wo werde ich heute die Nacht verbringen? Dieser Ort ist bekannt und beliebt, nicht nur ich suche hier ein Bett. Was mache ich, wenn ich eines Tages obdachlos bleibe?

Ich denke an all die Leute, die mich zu Hause als mutig oder gar bewundernswert mutig bezeichnet hatten, da ich ‚als Frau' allein reise. Ich selbst sehe das anders. Mut erfordert die Überwindung von Angst. Da ich keine habe, gibt es auch nichts zu überwinden. Aber nicht zu wissen, wo ich am Abend den Kopf aufs Kissen bette, ist etwas, das ich aushalten lernen muss, insbesondere weil ich mit dem Fahrrad unterwegs bin.

Ich gebe zu, über Wesenszüge zu verfügen, die es mir ermöglichen, eine Reise wie diese zu wagen. Zum Beispiel kann ich gut mit mir allein sein. Mein Selbstvertrauen ist nicht leicht zu erschüttern, und dass ich für Aufgaben unkonventionelle Lösungen finden kann, ist mir im Leben schon oft von Vorteil gewesen.

An diesen segensreichen Eigenschaften ist mein Vater nicht ganz unschuldig.

Es wird Zeit, dass ich ihn mal wieder anrufe, so hole ich das Telefon aus der Gürteltasche, wähle seine Nummer. Als habe er auf den Anruf gewartet, meldet er sich sofort.

Im Geiste fährt er mit zum Inn-Ursprung. Obwohl er sich gewiss Sorgen macht, begeistert ihn die Idee. In seinem hohen Alter lässt er die Digital-Technologie an sich vorüber ziehen wie eine Wolke am Himmel, so dass er auf alles angewiesen ist, was die Familie von meinen WhatsApp-Nachrichten an ihn weitergibt.

Erfreut, meine Stimme zu hören, stellt er sofort Fragen, die ihn beschäftigen. Ich beantworte sie, vermeide es aber, von meiner Zerrissenheit und den Anstrengungen zu erzählen, lieber berichte ich Positives, um ihn nicht zu beunruhigen. Dabei merke ich, wie gut mir das tut, dass ich oft lache. Eine miese Stimmung hält sich bei mir nicht lange, woran Papa ebenfalls nicht unbeteiligt ist.

Capri-Fischer

Irgendwas in mir ist nicht kaputt zu kriegen, wie ein geschützter Kern, der zu leuchten beginnt, wenn es ringsum zu dunkel wird. Es fühlte und fühlt sich auch heute wie eine Art Basisglück an. Immer bleibt in mir etwas, das schwingt und lebendig ist, bereit für eine Freude. Jede Wiese, die mein Fuß betrat, reizte mich, darüber zu rennen, nur so, aus purer Lebenslust. Ich war längst erwachsen, als ich damit aufhörte. Jedenfalls ist die These, Übermut tue nicht gut, falsch. Mein Vater meint, er habe eine Tochter, die verrückt sei und er müsse damit leben. Dabei grinst er breit, weil ihm wahrscheinlich die ,Erziehungsexperimente' einfallen, die er mit mir veranstaltet hatte, als ich ein kleines Mädchen war. Er wird nicht müde, immer wieder davon zu erzählen.

Nehmen wir das Jahr 1955. Ein Ferienzimmer auf dem Land in Oberbayern. Ich war zwei und Vater hatte die Idee, mich ein wenig vom elterlichen Rockzipfel zu entwöhnen. Sie würden mich mal kurz allein lassen, erklärte er, und dann ganz bestimmt zurückkehren, ich solle nur gut auf den langen Zeiger der Uhr achten. Ich nickte, meine Eltern verließen die Wohnung und bezogen draußen vor dem Fenster ihren Beobachtungsposten.

Der Erzählung nach hatte ich keine Furcht gezeigt, nur still vor mich hin gespielt, ab und zu zur Uhr aufgeschaut. Das Experiment war geglückt und Vater begeistert.

Nehmen wir den Zooausflug in Gelsenkirchen, Sommer 1956. Ich war drei. Wir saßen an einem Tisch bei den Zooterrassen, als es mir in den Sinn kam, mich von den Erwachsenen zu trennen und allein auf den Weg zu machen. Mutter sprang auf, um mich daran zu hindern, Vater meinte, sie solle mich gehen lassen. Er wolle mir folgen und sehen, wie ich allein zurechtkäme.

Nun, ich wanderte von Gehege zu Gehege, sah mir alles an und vermisste niemanden. Mein Vater blieb mir auf den Fersen. Immer weiter lief ich, schlug einen Bogen und landete irgendwann wohlbehalten bei Eltern und Großeltern, tat ganz arglos. Diese Prüfung hatte ich verblüffend gut bestanden.

Und auch mein Improvisationstalent wurde väterlicherseits mit manchem Trick trainiert und getestet. Einmal schickte er mich mit einem Osterkörbchen los, um darin Wasser zu holen. Zuerst soll ich es verwundert betrachtet haben, dann zur nächsten Wand gelaufen sein, um dort pantomimisch einen Hahn aufzudrehen. „Papa, rasch, hol einen Lappen, es läuft über!" soll ich gerufen haben.

Mein Vater erzählt gern, sein Repertoire an Geschichten ist groß, in einundneunzig Jahren sammelt sich viel an. Ob also jede Anekdote gänzlich dem tatsächlichen Ereignis entspricht, sei dahingestellt. Eine allerdings glaube ich ihm aufs Wort.

Als Sänger und Musiker war er der Ansicht, musikalische Frühförderung könne nicht zeitig genug beginnen. So legte er im Jahre 1954 Rudi Schurickes ‚Capri-Fischer' auf, setzte mich, Baby Gabi, auf seine Schultern, tanzte und sang, klopfte mir das ganze Lied hindurch den Takt auf den Windelpo: ‚Bella, bella, bella Marie..., bleib mir treu, ich komm zurück morgen früh...' Mutter hatte gemeint, das bringe nichts, aber er glaubte fest an den Erfolg seiner Methode, klopfte zum nächsten Schlager munter weiter, ein wenig stärker, weil ich das wohl toll fand.

Nun ist es interessant zu erfahren, ob ich Sängerin oder Schlagzeugerin wurde. Nein, wurde ich nicht, aber ich liebe Musik, und als meine Stimme *noch nicht diese Zittrigkeit hatte, hörte ich mich auch gerne singen.*

Wasserburg. Sagenhaft schön!
Umschlungen vom Fluss liegt die mittelalterliche Stadt auf einer Halbinsel. Zinnen, Erker, eine im Wind wehende Fahne auf dem Eingangsturm über pastellgetönten Mauern - solche Stadtbilder machen es leicht, sich dieses Zeitalter geheimnisvoll und sinnlich betörend zu träumen, dunkle Kerker zu vergessen.

Ich rolle über die bekannte rote Stadtbrücke auf die historische Toreinfahrt zu. Unter mir strömt, flach und ungewohnt behäbig, der schlammgetrübte Inn, als gönne er sich eine Pause von Rastlosigkeit und Wildheit.

Ein Sommertag in Wasserburg - ein Tag, an dem sich das Leben im Freien abspielt. Überall flanierende und schwatzende Menschen, gut gefüllte Straßencafés, kalt beschlagene Trinkgläser.

Bevor auch ich meinen Platz unter den Arkaden suche, frage ich mich zur Touristeninfo durch. Innerhalb weniger Minuten stehe ich wieder draußen, eine Stadtskizze in der Hand. In Zentrumnähe werde ich wohnen, privat, ohne Frühstück, was kein Problem darstellt, weil es um die Ecke einen Bäcker mit integriertem Café gibt.

Das wäre also erledigt. Nun gilt es zwei Stunden zu vertrödeln, bis ich das Zimmer beziehen kann.

Trinken, trinken…, Wasser, kalt und frisch, dann einen Ingwer-Spritz, herb, mit der perfekten Dosis Prosecco. Ah! Endlich fühle ich so etwas wie Stolz und Zufriedenheit. Dazu diese kleine Bank, auf der ich sitze und die kühle Arkadensäule in meinem Rücken spüre. Ein Wonnemoment, den ich mir wahrlich verdient habe.

Wie herrlich könnte alles sein, würde auch noch der Rest der Infektion verschwinden, schmerzten weder Füße noch Knie!

Zimmer und Bad sind groß, geräumig, modern - ich genieße den Komfort und das Gefühl, wieder eine Bleibe gefunden zu haben.

Als ich vom Essen zurückkehre, steht mein Entschluss fest: In Rosenheim soll sich endgültig das Blatt wenden. Dort werde ich eine orthopädische Praxis aufsuchen. Kortison, an der richtigen Stelle ins Knie gespritzt, ist ja ein wahres Wundermittel. So präpariert hatte ich eine zehntätige Bergwanderung schmerzfrei erleben dürfen. Nur mag ich mir nicht von jedem Arzt eine Nadel ins Gelenk schieben lassen. Wem kann ich hier an diesem unbekannten Ort vertrauen?

Brigitte, meine quirlige Gastgeberin, hat ,gottlob noch keinen Orthopäden gebraucht, alles sei in bester Ordnung', sie kenne auch keinen, der je eine solche Behandlung benötigt hätte, was interessant ist, weil es bei mir genau umgekehrt ist.

Nichtsdestotrotz bringt sie mir den Namen einer Rosenheimer Gemeinschaftspraxis und nun stehe ich vor der Frage, ob es Sinn macht, Bewertungen zu recherchieren. Was würde das bringen? Eine Auswahl gibt es ja nicht. Ich muss mich auf meinen Instinkt verlassen, auch bei Arztkonsultationen erlebt man Vertrauen auf den ersten Blick und eine gute Beratung kann auf den Patienten durchaus überzeugend wirken.

Ich will, nein, ich *kann* nicht nach Hause fahren, jedenfalls *noch* nicht, bringe es nicht übers Herz. Aber mir ist nicht wohl bei der Sache. Eine Injektion ins Kniegelenk ist weit mehr als das Ausstellen eines Antibiotika-Rezeptes, ein Eingriff, der im wahrsten Sinn des Wortes, schiefgehen kann.

Ich könnte mir Keime einfangen... über diesen Supergau will ich erst gar nicht nachdenken. Ich könnte alle Einwände in den Wind schlagen, vertrauensvoll das Blatt unterzeichnen, das mich zu Risiken und Nebenwirkungen aufklärt und es einfach hinter mich bringen - Spritze rein und fertig. Ach, wäre das Leben nur so leicht.

Und da ist noch mehr, das mir Sorgen bereitet: Was mache ich, wenn der Arzt die Therapie ablehnt, stattdessen zu Schmerzmitteln rät, weil er mein Krankheitsbild nun mal nicht kennt? Bereits jetzt weiß ich, dass ich das nicht will. Der Weg ist gerade mal zu einem Viertel geschafft, es wider-

strebt mir, die anderen drei Viertel mit Schmerz-
und Magentabletten zu pflastern.

Was tue ich, sollte er grundsätzlich mit Terminen arbeiten und für Touristen keine Ausnahmen
machen, so dass ich gar nicht in seine Sprech-
stunde komme?

Wie ich es auch drehe und wende - in Rosenheim, der letzten größeren Stadt vor der Grenze,
soll sich mein Weg entscheiden. Entweder gehe
ich ihn schmerzfrei weiter oder - gar nicht.

Von Wasserburg nach Rosenheim

Erschrocken fahre ich hoch, sitze kerzengerade im Bett. Mein Herz hämmert wie verrückt. Noch während ich schlief, hatte ich heftig zu weinen angefangen.

Groß hatte ihr Gesicht vor meinem gestanden, aus dem mich die Augen ernst, wissend und milde anblickten. Meine Mutter. Sie sah mir direkt ins Herz, sah die Sehnsucht darin, und ich spürte eine so innige Liebe zu ihr, dass es mich überwältigte. In dem Augenblick, als ich die Hand ausstreckte, um ihre Wange zu berühren, wachte ich auf.

Es ist dunkel, ich schalte das Licht nicht an, sitze weinend da, warte, dass sich mein Herz beruhigt. Ich habe einige Male von ihr geträumt, aber das gerade eben war kein normaler Traum, eher ein Besuch, eine Begegnung in dieser unterbewussten Dimension. Es hatte sich angefühlt, als hätte sie mich aus einer anderen Welt angesehen. Wo bist du, Mutti? Hier bei mir, in diesem Zimmer?

Was wissen wir schon über die Zeit nach dem Tod? Nichts. Der Körper geht in den Erdkreislauf zurück, unzweifelhaft. Und was geschieht mit der Seele, die eine Energie und unsichtbar ist? Fällt sie ins Nichts, wie man sich das auch immer vorstellen mag, oder wechselt sie in ein jenseitiges Leben? Wird dieses gnädig sein oder wird es mit uns abrechnen? Sind unsere Seelen auf irgendeine, nicht zu begreifende Weise mit dem Kosmos verbunden oder leben sie ausschließlich in den Herzen der Hinterbliebenen weiter? Wenn das so wäre, stellt sich natürlich die Frage, was mit denen geschieht, die keine Lieben (mehr) haben, die keiner vermisst. Und was hat das große Mysterium ‚Gott' mit all dem zu tun?

Wohin die Reise auch führt, wir können uns keine Gewissheit verschaffen, nichts überprüfen. So sind Nahtoderfahrungen die einzigen Spuren in das, was danach kommen könnte, die aber in dem Moment enden, wo wir ins Leben zurückkehren. Und dort werden sie auf unterschiedliche Weise interpretiert.

Seelenleben oder Seelentod? Ein ewiges Rätsel, das sich für uns alle irgendwann löst. Zum Glück nicht, so lange wir leben, sonst würden wir auch diesbezüglich die Fäden in die Hand zu nehmen versuchen.

Mutti. Heute Nacht ist sie mir im Traum begegnet, auf schöne und zugleich schockierend reale Weise. Sie weiß, wie viel mir diese Reise bedeutet, dass ich meinem Herzen folge, das nicht danach fragt, ob etwas vernünftig ist oder nicht.

Warum hatte *ich* meine Hand ausgestreckt und nicht sie? Weil ich sie damals, als sie noch lebte, nicht verstanden hatte, wie ich sie hätte verstehen sollen? Weil mir das schmerzhaft leid tut, weil ich ihr mit meiner Geste zeigen wollte, dass ich sie heute verstehe? Hatte sie deshalb so still meine Berührung erwartet?

Die Hände meiner Mutter

Bergmannskind. Kriegskind. BDM-Mädel.
Diphterie. Skoliose, Gipsbett-Martyrium.
Mit achtzehn Jahren Lazaretthelferin, Leid und Elend, Traumata. Fürsorge, die meine Mutter anderen schenkte.
Im Flüchtlingstreck heimwärts. Leicht wäre es für sie gewesen, Uniform und Rote-Kreuz-Nadel abzustreifen. Sie tat es nicht, half und pflegte, wo sie konnte, bis sie an Typhus erkrankte und selbst gepflegt werden musste. Nach der Rückkehr erkrankten sämtliche Geschwister. Über das jüngste, einen Säugling, breitete man ein Tuch, in der Annahme, er sei tot. Aber meine Mutter sah, dass er noch lebte, und sie nahmen das Tuch weg.
Die eigenen und die schweren Krankheiten anderer pflasterten das Leben meiner Mutter.
Verprügelt durch die Hand einer fanatischen Religionslehrerin. Im Elternhaus hart erzogen, als ältestes von vier Geschwistern mit viel Verantwortung belastet. Gern wäre sie zur Schule gegangen, um Krankenpflege zu lernen, stattdessen gab es ein Haushaltsjahr.
Ein Leben für Mann, Kinder und Hausarbeit.

Hände, die mich pflegten, wenn ich krank war. Sie sind es, die mir zuerst einfallen, wenn ich an meine Mutter denke. Ich liebte ihre Hände, aber hatte es ihr nie gesagt. Ich hätte ihr vieles sagen müssen und hatte es nicht getan, meiner fürsorglichen, fleißigen, verzweifelten Mutter, von der ich mich lange Zeit missverstanden fühlte, und die so schön aussah, wenn sie lachte. Leider lachte sie viel zu wenig.

Immer werde ich mich hier, in diesem Bäckereicafé, frühstücken sehen. Das Croissant schmeckt buttrig, der Cappuccino sanft, so, wie ich ihn mag. Über den Arztbesuch denke ich nicht nach. Warum sollte ich?

Die Knieschmerzen sind weg - ich schwöre es.

Auch das Fußgelenk tut nicht mehr weh, zum ersten Mal habe ich keinen Muskelkater. Die Tablettenschachtel ist leer, der Infekt ausgestanden. Nicht das kleinste Zipperlein. Ich bin fit.

Der siebte Tag, ein Mittwoch.

Nachdem ich eine ortskundige Frau befragt habe, beginne ich die heutige Etappe am Südrand der Halbinsel und bewege mich somit rechts des Flusses, auf einem Weg, der dem Charakter nach eher ein Wander- als ein Radweg ist.

Ganz nah am Inn geht es idyllisch weiter, zwischen ihm und mir eine kurze Böschung und ein einfaches Geländer. Das Wasser ist klarer als gestern.

Später schlängelt sich der Weg über Waldhügel, auf und ab, wie ein Fahrradparcours, und stets nah am Ufer. Rechterhand steigt das Gelände an, laut Karte bis zu zweihundert Metern Höhe.

Beim Fischerwirt stoße ich auf eine autoreiche Straße. Habe ich den Anschlussweg trotz gründlicher Ausschau verpasst? Ich spreche einen Mann an, der die Wirtshausterrasse fegt. Eine Fortsetzung des Weges sei ihm nicht bekannt, meint er, um die Straße käme ich wohl nicht herum.

Sie hat keinen Radweg. Lastwagen und Baufahrzeuge blasen mir ihre Abgase ins Gesicht, wenn sie ihre Tonnenkraft dicht an mir vorbeischieben. Ich hasse es, mich dieser Gefahr auszusetzen, gebe acht, bloß nicht den Lenker zu verreißen und Bodenunebenheiten rechtzeitig zu erspähen.

Beim Dorf Sendling entdecke ich dann auf der anderen Straßenseite den Radweg und wechsle sofort.

Stille Seitenarme und verwunschene Altwasser, malachitgrün schimmernde Schilfseen. Springende Fische, flinkes Huschen im Dickicht, krächzende Vogelschreie. Hinter den Auwäldern der Inn, mir entgegen, an mir vorbei nach Norden strömend.

Weiterradeln!

Flirrende Hitze, friedvolle Natur. Mittlerweile geht es strikt nach Süden auf die Alpen zu, deren Konturen wachsen und sich schärfer abzeichnen. Es ist das Kaisergebirge, dem ich näher rücke, zu seinen Füßen wartet Kufstein. Auf der anderen Uferseite mündet die Murn in den Inn.

Wo kommt das Flüsschen her? Ich sehe es mir auf der Karte an und bin einerseits beeindruckt von der Aussagekraft einer Wanderkarte, andererseits staune ich über dieses Paradebeispiel eines perfekt gestalteten Wassersystems. Auf dem Papier eine längliche, von Höhenlinien durchzogene Grünfläche voll blauer Fädchen - das Aderngeflecht der Murn -, vor dem geistigen Auge die Bilder der Natur: In munterem Verlauf bahnt sich das Waldflüsschen den Weg durch das ‚Murnholz', Bach für Bach plätschert ihm zu, jeder davon durch andere Bäche und Bächlein gespeist. Auf der Karte ein fein verästeltes Liniengewebe, in der Landschaft ein Netz aus Wasserläufen.

Alles lebt und greift und fließt ineinander.

Die Radfahrer sind wieder da, starren wie immer nach vorn. Soeben kriege ich noch mit, wie ein junger Typ einem anderen zuruft: „Hast du die lustige Radfahrerin gesehen?"

Kurz danach stutze ich. Etwas schleift am Hinterreifen, laut und beharrlich. Ich halte an und sehe nach.

Die Verbindungsstange, die das hintere Schutz-
blech fixiert, sitzt nicht fest, dadurch scheuert die
Stange an der Reifenseite und das Material zeigt
bereits helle Schleifspuren. Der Übeltäter ist eine
Schraube, die sich gelockert hat und hier und sofort fest gezogen werden muss. Aber womit? Mit
bloßen Fingern?

Ich hätte auf den weitsichtigen Rat meines Bruders hören und ein Reparaturset einpacken sollen. Da ich noch nie an einem Fahrrad herum ge-
schraubt oder Reifen geflickt habe, konnte ich
wenig Sinn darin sehen. Im Falle einer Panne
würde ich so oder so eine Werkstatt aufsuchen
müssen. Und nun stehe ich hier in der Walachei,
habe weder Werkstatt noch Schraubenschlüssel,
aber wenigstens ein gewisses Maß an Laienver-
stand. Ich werde das Problem unkonventionell
lösen, indem ich die wacklige Stange mit einem
stiftähnlichen Gegenstand fixiere.

„Haben Sie eine Panne? Kann ich helfen?" höre
ich eine Männerstimme fragen. In meine Analyse
vertieft, habe ich nicht bemerkt, dass ich in Gesellschaft bin. Hinter mir steht ein Sportbiker und
grinst. Einen Schraubenschlüssel hat er nicht dabei, na, so was.

Ich erläutere meinen Plan und er hilft, den Boden nach etwas abzusuchen, das Erschütterun-
gen standhalten und nicht zerbrechen kann. Ein
Holzspan scheint mir am besten geeignet zu sein,

ich spalte ihn in zwei Teile und reiche einen der Splitter an meinen Helfer weiter. Im Bereich der Radnabe festgeklemmt, hat die Stange nun kein Spiel mehr und hält zum Reifen Abstand. Die Schraube selbst droht nicht herauszufallen. Es lebe die Improvisation! Lupina darf sich vorerst als geheilt betrachten.

Ein Reparaturerfolg von Dauer ist das natürlich nicht, in Rosenheim werde ich statt der Orthopädie-Praxis eine Fahrradwerkstatt aufsuchen müssen. Und wenn das Stöckchenprovisorium nach dem nächsten Holperstein rausfliegt und wieder das Schleifen anfängt, werde ich es durch einen neuen Stift ersetzen müssen. Keinesfalls darf der Reifen noch mehr strapaziert werden.

Das Hölzchen rührt sich nicht und bleibt wo es ist. Ich setze meine Fahrt am kanalisierten Inn fort, der Wegstrich verliert sich in der Ferne. Sogar ich schaffe hier viel Strecke.

Nach weiteren dreizehn Kilometern treffe ich in Rosenheim ein und radele sehr angenehm über eine Rad- und Fußwegallee in Richtung Ortszentrum. Schon bald schnappt das Fahrradschloss zu und ich setze mich an den Arkadentisch einer Eisdiele. Trotz der kleinen Panne war das heute eine flotte, reibungslose Fahrt.

Ich habe keine Schmerzen. Das ist gut. Nur fühle ich mich, verschwitzt, klebrig und staubig wie ich bin, als hätte ich zehn Stunden lang eine Grube mit der Schaufel ausgehoben. Ich bin so ganz und gar müde, dass ich mit dem Kopf auf dem Tisch einschlafen könnte. Zudem sitzt mir noch die aufwühlende Begegnung der letzten Nacht in Herz und Gemüt und wieder steigen mir Tränen in die Augen, als ich an das Antlitz meiner Mutter denke, an den Blick, mit dem sie mich so intensiv angesehen hatte.

Einen Schlafplatz suchen...

Dieses tägliche Procedere wird zur Gewohnheit und ich gehe zum ersten Mal wie selbstverständlich davon aus, ein freies Zimmer zu finden. Da ich noch keinen Gasthof entdeckt habe, mache ich es mir leicht und fahre hinüber zur Touristeninfo. Die befindet sich dort, wo die ganze Truppe der ‚Rosenheim-Cops' lebensgroß von einem Plakat lächelt.

Mehrere Anrufe sind nötig, bis die Service-Mitarbeiterin fündig wird. Mit einer Planskizze werde ich zum Hammerwirt geschickt.

Wie farblos dieser Ort ist... Der Biergarten ist eine leergeräumte Fläche, nur an der Hauswand gibt es eine verwaiste Rauchersitzgruppe. Während in anderen Gaststätten und Cafés reger Betrieb herrscht, ist es hier wie ausgestorben, was jegliche Sommerbepflanzung mit einbezieht.

Mitten im torlosen Eingang des Biergartens erhebt sich ein nostalgischer Eisenpfahl. Rollstühle und Kinderwagen kommen an diesem Hindernis nicht vorbei. Warum in aller Welt versperrt man die Pforte eines Gasthofs mit einem Pfahl?

Es bleibt befremdlich. Die blonde Chefin wickelt das Eincheck-Procedere in unnahbarer Art ab, ihr mit viel Make-up bedecktes Gesicht hat etwas Strenges und Verbittertes. Kein nettes Wort, kein Lächeln für den neuen Gast.

Wohin ich auch blicke, entdecke ich eine seltsame Seelenlosigkeit. Ein kahler Flur gähnt im Gästetrakt, mein Zimmer ist sauber, ohne frische Farben, nirgendwo ein Detail, das dem Auge gut tun könnte. Der helle, kalte Marmorboden würde schnell gewischt sein.

Ich fürchte, dass der Geist, der hier wohnt, meine Welt erschüttern würde und, ehrlich gesagt, will ich ihn nicht kennenlernen. Mein Berufsleben hat mir so viele Einblicke in erschütternde Welten gewährt, dass es für alle Zeiten reicht.

Obwohl ich mich nicht wohl, ja, nahezu eingeschüchtert fühle, will ich nicht unzufrieden sein, denn ich habe alles, was ich als Reisende benötige. Allerdings glaube ich nicht, dass, solange ich unter diesem Dach weile, die Beklemmung weichen wird. Und nun brauche ich für mein Abendessen dringend einen Ort mit lebensfrohen Leuten. In Rosenheims Straßen frage ich zwei junge

Mädchen und erhalte einen heißen Tipp. Bald darauf finde ich, wonach es mich gelüstet: eine lauschig überrankte Terrasse, die Stimme Gianna Janninis, sardischen Weißwein und eine Platte aromatische Calamari mit Petersilie und Zitrone.

„È buona, mia signora?' fragt der Kellner.

„Sì, grazie, wunderbar", antworte ich.

Es ist dunkel geworden.

Auf den Restauranttischen flackern Kerzenflammen. Aus den Lautsprechern tönen nach wie vor italienische Songs. Um mich herum höre ich das Raunen der Gäste, ab und zu ein lautes Lachen.

Ich schreibe. Wenn auch das Licht sehr schwach ist. Die Kritzelei werde ich schon lesen können.

Noch einmal schweifen die Gedanken zu meiner Mutter und auch zu meinen Vater, der es nie für möglich gehalten hatte, so alt zu werden. Meine Mutter starb mit einundachtzig Jahren, ein hohes Alter, wenn man bedenkt, dass ihr in den Vierzigern auf Grund ihrer schweren Krankheiten ein kurzes Leben prophezeit wurde.

Meine Eltern… Die Kriegsgeneration.

Ich… Die Nachkriegsgeneration.

Das Erbe

Mit zunehmendem Alter drängt es mich, meinen kleinen Kosmos in den größeren einzuordnen, ihn als Teil des Ganzen zu sehen, in der Familie, im

Beruf, im Leben. Ich stürze mich nicht mehr gern ins Getümmel, wo es keine Übersicht gibt, lieber trete ich in Distanz zu den Dingen, lerne durch Beobachtung. Das Rad im Getriebe will wissen, wo es sich befindet und wo die anderen Räder. Und es interessiert mich, wie sie zusammen funktionieren. So gestehe ich ehrlich ein, dass es seine Zeit gedauert hatte, die persönlichen Kriegserfahrungen meiner Eltern besser verstehen zu lernen.

Vom Drill der fremdbestimmten Jugend in die Demokratie und in das eigenverantwortliche Leben des Erwachsenen - diesem Umbruch ging die harte Ernüchterung voraus. Mein Vater erlebte sie in Stralsund, als er einen US-Offizier sah, der, die Hand an der Mütze, das Kommando über den Lazarettzug übernahm, in dem mein Vater selbst als Kriegsverletzter lag. In diesem Moment war ihm aufgegangen, das der totale Sieg ein Irrglaube gewesen war. Es hatte sich für ihn wie ein Betrug, wie eine riesige Enttäuschung angefühlt - umsonst vom Heldentum geträumt, umsonst für den Führer geglüht, umsonst geglaubt. Alles umsonst. Auch die Granatsplitter, die noch in seinem Rücken steckten, weil man sie im Feldlazarett nicht entfernen konnte. Heute ist mein Vater froh, dass es ihn gleich zu Anfang seines Fronteinsatzes niedergestreckt hatte, was ihn vor eigenen schlimmen Taten bewahrt hatte.

Meine Eltern waren jung, als das Schlachten endete - neunzehn. Während ein Elternpaar in der Nachbarschaft alle drei Söhne hergeben musste, durften meine Großeltern ihren zurückgekehrten Jungen in die Arme schließen - größter Schmerz neben größter Dankbarkeit. Ich stoße an meine Grenzen, versuche ich mir das alles vorzustellen.

1952 heirateten meine Eltern, 1953 kam ich auf die Welt, im vierten Jahr der Kanzlerschaft Konrad Adenauers. Es war das Jahr, als in der Sowjetunion Nikita S. Chruschtschow, in den USA Dwight D. Eisenhower Regierungschefs wurden.

Die Zeit verging, die körperlichen Wunden heilten. Die seelischen blieben. Ohne psychologische Hilfe mussten meine Eltern verarbeiten, was man ihnen zugemutet hatte, nebenher begreifen, was nicht zu begreifen war: die ungeheuerlichen Taten des Nazi-Regimes. Die Therapie war Arbeit und der Glaube an eine stabile Zukunft. Geredet hatten sie mit den Leidensgenossen, insbesondere mit denen, die älter als sie und noch Böseres erlebt hatten, während meine, die nachfolgende, Generation sich vorrangig mit den Fragen befasste, wie das alles passieren konnte und ob es vermeidbar gewesen wäre, wie unsere Identität als Deutsche überhaupt noch aussehen könnte.

Meine Eltern hatten ihre Wege der Verarbeitung gesucht, keine TV-Doku zu dem Thema ausgelassen. Später hatte meine Mutter das Lesen für sich

entdeckt, immer sah ich ein Buch auf dem Tisch-
chen neben ihrem Lieblingssessel liegen. Nach ih-
rem Tod hatte ich ihre Büchersammlung gesich-
tet. Obwohl ich von ihrem Interesse wusste, hatte
es mich doch erstaunt, wie viele Werke sich mit
der Zeit des Dritten Reiches befassten.

Zeitlebens hatte meine Mutter die Bilder zerfetz-
ter Körper, das Leiden der Lazarettpatienten mit
sich herumgeschleppt. Um ein Haar hätte mein
Vater sein junges Leben verloren, während seine
Eltern, die ihrerseits vier Kindheitsjahre dem Ersten Weltkrieg hatten opfern müssen, die Angst
um den Sohn im Würgegriff hatte.

Und trotzdem ist es nicht vorbei, irgendwo geht
es immer weiter. Irgendwo muss ein Mensch unermesslich leiden und andere finden Gründe, das
zu rechtfertigen. Wir, denen es gut geht, müssen
aufpassen, nicht in Gleichgültigkeit zu verfallen,
eben weil Krieg, Hass und Gewalt kein Ende nehmen wollen. Meine Eltern traten nicht laut, aber
leise für Frieden und Menschlichkeit ein, jede Art
der Rebellion blieb undenkbar für sie. Abgesehen
von meiner eigenen Sicht auf die Welt, fasse ich
ihre Erfahrungen und deren schmerzliche Folgen
als ein Erbe auf, dem ich verpflichtet bin.

Von Rosenheim nach Kiefersfelden

Wo ist der Lichtschalter diesmal? Jede Nacht dieses Tasten und Suchen… Konventionelle Nachttischlampen mit Kabelkippschaltern sind mir die liebsten, im Dunkeln finde ich sie am schnellsten.

Um sieben stehe ich auf, ohne Muskelschmerzen.

Ich brenne darauf weiterzufahren. Noch besser wird es mir in diesem Leben nicht mehr gehen.

Zuerst zur Radstation, die direkt dem Bahnhof angeschlossen ist. Mein Fahrrad, das ich von Tag zu Tag mehr ins Herz schließe, hat ja immer noch eine Schraube locker.

Ich schiebe es in die Werkstatt.

„Das ist aber ein feines Radel, ein ganz erstaunliches", lobt der Fahrradmonteur und ruft seine Kollegen herbei, „sowas habt ihr noch nicht gesehen, bemalt wie ein Gemälde…"

„…das Werk meiner Schwiegertochter", ergänze ich.

„Donnerwetter, die hat's drauf!", meint er und berührt Lupinas Blumenschmuck mit den Fingerspitzen, „Lupinen sind das, stimmt's? Dass man mit Lackfarbe malen kann, wusste ich nicht. Daheim müssen Sie die Malerei mit transparentem Lack fixieren, damit Sie lange was davon haben. Wohin wollen Sie denn mit dem Radl?"

Ich sage es ihm und überrasche ihn zum zweiten Mal.

„In die Berge? Mit einem Hollandrad? Das geht doch gar nicht. Damit kann man nicht bergauf fahren. Und dann hat es ja nur drei Gänge und ein E-Bike ist es auch nicht."

Die Werkstatt steht voller Sportfahrräder, wie ich sie jeden Tag in Mengen mir entgegenkommen sehe. Wie viele Gänge hat so ein Teil eigentlich? Zehn, zwanzig, vierzig?

„Wir werden sehen. Kann ich nicht fahren, muss ich halt schieben."

Er sieht mich zweifelnd an und amüsiert sich.

„Na, dann, viel Glück, jeder muss auf seine Weise selig werden."

Ja, genau. Das möchte ich unbedingt.

Die Reparatur dauert drei Minuten, dann ist die Schraube mit passendem Schlüssel und männlicher Muskelkraft festgezogen, die Verbindungsstange scheuert nicht mehr am Reifen. Geld will er nicht annehmen, es sei ja keine große Arbeit gewesen, winkt er ab. Ich bestehe aber auf einem Dankbarkeitsobolus und schaue mich nach einer Kaffeekasse um.

Noch rasch hinein in die Bahnhofsdrogerie und einen besseren Sonnenpflegestift für die Lippen gekauft, dann bin ich wieder unterwegs.

Donnerstag, der achte Tag meiner Reise. Vor einer Woche bin ich in Passau gestartet, hatte ich bei Anni und Wolfgang am Kaffeetisch gesessen.

Wenn ich gleich auf dem Radweg weiter nach Süden fahre, habe ich vom schönen Rosenheim nicht mehr als die Radstation, die Fußgängerallee, das Restaurant, die Touristeninfo, die Bahnhofsdrogerie und den Gasthof Hammerwirt gesehen - eine mickrige Ausbeute.

Oft denke ich an den Lunghinsee, wo sich der Fluss auf den Weg begibt. Die magnetische Kraft dieses Ortes hatte schon gewirkt, als ich in Passau der Heimreise widerstand. Und ich denke an den Rat, den mir daheim eine liebe Bekannte mit auf den Weg gegeben hatte: ,Wenn es in Passau losgeht, häng deine Erwartungen nicht so hoch, radle einfach drauf los. Falls du das Ziel nicht erreichen kannst, nicht traurig sein! Bleib einfach, wo du gerade bist und genieß dein Leben.'

Interessant ist, dass ich mir in Passau weder Erwartungen noch Hoffnungen erlaubt hatte, kam mir ja das Ziel so weit entfernt wie der Mond vor, nämlich unerreichbar. So bin ich tatsächlich einfach drauf los geradelt, von einem Ort zum nächsten. Und so wird es bleiben: Ich werde radeln, ankommen, weiterfahren - vielleicht irgendwann weiterlaufen. Sollte ich zum Abbruch gezwungen sein, werde ich nicht bleiben, sondern heimfahren und... traurig sein. Ja, ich werde traurig sein, weil ich etwas begonnen habe, das Vollkommenheit verlangt. Das i soll seinen Punkt bekommen, denn ohne Punkt ist es kein i. Doch wer weiß, vielleicht werde ich den Mond erreichen, lachen und glücklich sein? Erwartungen gestatte ich mir noch immer nicht, aber hier in Rosenheim stellt sich zum ersten Mal Hoffnung ein.

Vor mir radelt Agnes.

Die agile alte Dame will sicherstellen, dass ich den richtigen Weg erwische. Durch ein Wäldchen geht es an einem Bach entlang, ihr aprikosenfarbenes Jäckchen leuchtet voraus. Ab und zu dreht sie den Kopf und vergewissert sich, dass ich folge. Sie hat einen flotten Fahrstil, ich muss aufpassen, sie nicht aus den Augen zu verlieren.

Am Rosenheimer Bahnhof hatte ich Agnes nach dem Weg zum Inn gefragt, was zu einer Plauderei über ihre zahlreichen Fuß- und Radabenteuer geführt hatte. In der ganzen Welt war sie mit ihrem Mann unterwegs gewesen und offenkundig wird sie sich ein Leben lang daran erfreuen.

Bei einem Viadukt am Rande des Mangfallparks treffen wir auf den Inn und meine Reiseführerin erklärt ihren Lotsendienst für beendet. Bis Brannenburg werde ich auf dem rechtsseitigen Flussradweg bleiben.

Ade, Agnes, noch ein schönes Leben!

Wo genau bin ich? Von Zeit zu Zeit ordne ich meinen Standort ins größere Ganze ein.

Vis á vis im Osten liegt das ‚Bayrische Meer‘, der Chiemsee, bis dort siebzehn Kilometer in der Luftlinie. Fünfzig Kilometer voraus wartet im Süden Kufstein auf mich, die ‚Perle Tirols‘, die ich noch nie gesehen, aber oft schunkelnd besungen habe. Ob ich es bis dort heute schaffen kann?

Der Übergang vom bayrischen Alpenvorland in die Alpen wird beim Wendelstein des Mangfall-Gebirges erfolgen, das sich rechts des Flusses befindet. Links des Inn sind es von dort bis Kufstein und dem Kaisergebirge noch zirka zwanzig Kilometer.

Unter heißer Sonne rücke ich unaufhaltsam auf die Berge zu. In der blauen Silhouette zeichnen sich schon Farbnuancen ab. Dann, nachdem ich die A 8 unterquert und Raubling passiert habe, fließt der Inn pfeilgerade auf mich zu, lässt nun endgültig keinen Zweifel mehr, von wo.

Hinter Raubling und Neubeuern gelange ich an einen Baggersee. Während seine Biergartenterrasse in unmittelbarer Nähe des Wassers für andere Gäste perfekt geeignet zum stundenlangen Verweilen ist, ist sie für mich ein Rastplatz, wie er idealer nicht sein könnte.

Ich esse nichts, trinke umso mehr.

Eine Stunde gönne ich mir, dann schwinge ich mich aufs Fahrrad und suche nach einem Zugang hinauf auf den Inn-Damm, den ich schnell finde. Leider ist dieses Wegstück mit grobem Straßenschotter bedeckt, ich muss absteigen und schieben, vorbei an Sonnenblumen und großblütigen pinkfarbenen Schönheiten, die wie wilde Verwandte der Petunien aussehen. Auf dem Damm geht es fahrend, aber noch immer holperig weiter, Lupina und mich rüttelt es tüchtig durch.

Lange treffe ich weder Radfahrer noch Fußgänger. Bei Brannenburg wechsele ich die Flussseite, fahre über die Brücke hinüber nach Nußdorf, um der A 93 auszuweichen, die dem Inn mit ihrem Dauerkrach stetig näher zur Seite rückt. Hier rollt mir ein einziger einheimischer Radler entgegen. Wo sind alle anderen geblieben?

Eine Einsatzstelle. Ich lasse Lupina zurück und gehe hinunter zum Fluss, bücke mich und schöpfe mit einem Pappbecher Wasser heraus. Es ist kalt und sieht klar aus, doch als ich es über die Hand rieseln lasse, haften feine Schwebstoffe daran, die sich infolge des kräftig strömenden Wassers nicht absetzen können. Der Inn, hier etwa hundert Meter breit, ist nicht mehr so schlammig wie ein, zwei Tage zuvor, das klare Grün jedoch, für das er berühmt ist, lässt noch auf sich warten. Auf dem wie Platin glänzenden Wasser schwingt und zittert das Spiegelbild des wolkengetupften Himmels.

Noch gute zwanzig Kilometer bis Kufstein. Nicht viel für Radfahrer, aber meine Energie ist nach der Tankpause am See fast wieder aufgebraucht. Ich muss das Ende dieser Etappe einläuten.

Der Fluss vollzieht noch einen Knick nach Osten, kurz danach rolle ich über die Grenze zu Österreich. Hinter Erl gerate ich in einen Konflikt. Wo soll es weitergehen? An der verkehrsreichen und radweglosen Verbindungsstraße oder mit einem Schwenker bergauf über eine schmale Landstraße? Eigentlich habe ich für die zweite Variante, so ansprechend sie auch sein mag, keine Kraft mehr. Für die Autopiste mangelt es mir an Geduld und an der nötigen Konzentrationsfähigkeit. Aber für eine der beiden Straßen muss ich mich entscheiden. Ich wähle die gefahrlose, aber anstrengende Variante.

Nachdem ich eine halbe Stunde lang bergan geschoben habe, taucht eine kleine Andachtsstätte mit Bank auf. Hier werde ich mich noch einmal stärken, am Weitblick erfreuen, eine Kleinigkeit essen. Doch kaum schneide ich in meinen Apfel, bin ich von zwei Dutzend Wespen umzingelt.

Soll ich verschwinden? Wohin? Solange ich das Obst in der Hand halte, werden sie mir folgen. Den Apfel wieder einpacken? Auch keine Option. Also bleibe ich sitzen, gestresst und angespannt im Zentrum der Wespenhorde, die mir, verrückt nach dem süßen Duft, stachelbewehrt um Hände und Gesicht schwebt. Das Sirren von allen Seiten ist nicht auszuhalten und gibt mir den Rest - ein Stich und ich breche in Tränen aus! Entnervt und entkräftet wie ich bin, habe ich für heute gründlich die Nase voll.

Vorsichtig schiebe ich den letzten Apfelschnitz in den Mund, stehe dann im Zeitlupentempo auf, packe im Zeitlupentempo meine Sachen und siehe da: Die Wespenschwadron schwirrt ab.

Wo steht das Bett, in das ich heute fallen werde? Ob motiviert oder nicht, ich muss es finden! Mit diesem trotzig-konstruktiven Vorsatz schiebe ich das Fahrrad weiter den Berg hinauf.

Die Höhe ist erreicht. Ein Gasthof oder ähnliches ist nicht in Sicht. Aber eine einsame Radlerin. Sie kommt von der entgegengesetzten Seite den Hügel herauf und schiebt ihr Fahrrad wie ich. Diese Frau schickt mir der Himmel, denke ich, und befrage sie nach einer Nächtigungsmöglichkeit, womit wir schon mitten in einer Unterhaltung sind.

Ich erfahre, dass Ursula in Kiefersfelden lebt, dem letzten Ort vor der Grenze, auf der anderen und deutschen Seite des Inn. Was ich denn hier mache, will sie wissen. Ich erzähle ihr die Kurzfassung der Expedition, den aktuellen, drängenden Stand der Dinge. Ob ich Lust hätte, mit ihr hinüber nach Kiefersfelden zu fahren und etwas Kaltes zu trinken, sie kenne einen prima Ort dafür, schlägt sie vor, dort könne sie mir in Sachen Quartier weiterhelfen.

Sehr gut! Die Last der Eigenverantwortung bin ich erst einmal los. Ursula radelt vor, ich juckele entspannt hinterher. Bei Oberaudorf queren wir den Fluss, fahren weiter in den Ort, dann durch die Felder Richtung Süden. Beim Hödenauer See schließen wir die Räder ab, gehen hinüber auf die Terrassen des ‚Ludwig's', einem Ausflugslokal am See. Und da sitzen wir beiden Fremdlinge - die einheimische Ex-Berlinerin, die Nomadin aus Nordrhein-Westfalen - und verstehen uns prächtig. Solange eisgekühlte Johannisschorle durch unsere durstigen Kehlen rinnt, plaudern wir über Gott und die Welt und sehen ein paar Burschen zu, die sich mit einer Mordsgaudi am Wasserskilift abmühen.

Ursula interessiert sich sehr für meine Reise. Sie erzählt von ihrem unerfüllten Traum einer Alpentour, der sich nun wieder in ihr regt. Weil es an gleichgesinnten Partnern fehlte, hatte sie ihren Wunsch ad acta gelegt, aufgegeben und schließlich vergessen. Und jetzt fasst sie die Begegnung mit mir als Anstoß auf, ihn endlich in die Tat umzusetzen, ohne Begleitung. Ich fühle mich durchaus in der Lage, mal etwas allein zu tun, sagt sie.

Ich kann ihr nur beipflichten. Es gibt Dinge, die man allein tun darf. Ich finde nicht, dass man auf den eigenen Traum verzichten sollte, allein deshalb, weil ihn keiner teilt. Allerdings ist es so eine Sache, solo in den Bergen unterwegs zu sein. Ich selbst habe das oft gemacht und hatte nie den Eindruck, das Falsche zu tun, weil ich mich immer bemüht hatte, Gefahren und Risiken so gut wie möglich auszuloten, um dann die entsprechenden Entscheidungen zu treffen.

Über das Bergwandern hinaus liegt mir viel daran, Sehnsüchte nicht ewig aufzuschieben, bis sie klein und kleiner werden und sich zu guter Letzt auflösen. Sehnsucht ist ein starkes Gefühl, eine Energie, ein Antriebsmotor, der den Impuls und die Kraft gibt, Neues zu wagen und unbekanntes Terrain zu betreten.

Entwicklung einer Erbsenprinzessin

1977. Eine Ferienmaßnahme im Oberallgäu. Vierundzwanzig Jahre alt, war ich zuständig für den pädagogischen Teil der Kinderbetreuung.

Die Alpen waren mir fremd, sie bedeuteten mir nichts. Nach der Ankunft mussten wir zu Fuß zur Berghütte aufsteigen. Vielleicht waren es hundert Höhenmeter, ich weiß es nicht mehr. Ich erinnere mich nur noch daran, wie schwer mir das Gehen gefallen war, wie ich keuchte und jammerte, immer wieder stehen blieb und um Luft rang. Zwei Lungenentzündungen in der Kindheit, danach auf lange Zeit zwei bis drei Mal jährlich Bronchitis -

meine damalige Ärztin sah mich auf dem Weg zum Asthma.

Der Hüttenwirt lief neben mir. Wie alt er wohl war? Siebzig? Er hatte Hände wie Werkzeuge und das Gesicht war wettergegerbt, seine sehnigen Arme und Beine strotzten vor Kraft. Er stieg den Berg hinauf, nicht schnell, aber stetig. Neben ihm kam ich mir wie die Erbsenprinzessin vor, die um ihr Riechfläschchen bittet, bevor sie vor Schwäche in Ohnmacht fällt.

Lange Zeit verlor ich die Alpen aus dem Blick, wir reisten oft nach Frankreich und in den Norden an die See. Anfang der Neunziger erzählte mir ein Bekannter von den Bergen, vom Hüttenwandern, wie traumhaft das sei. Ich hörte gut zu, sah seine Begeisterung - und der Funke sprang über.

Ein Jahr später erlebte ich meine erste Bergtour - eine ungemein große körperliche Anstrengung für mich und doch ein überwältigendes Erlebnis. Auf der Heimfahrt, als die Berggestalten zurückblieben, heller und heller wurden, bis sie schließlich ganz verblassten, ahnte ich, dass ich sie im Herzen mitgenommen hatte - weil sie den, der sie lieben lernt, sehnsüchtig machen.

Die Berge erfüllten so vieles, das ich schätzte. Und sie forderten mich heraus. Im Folgejahr war ich wieder da, trainierter, besser ausgerüstet, etwas widerstandsfähiger. Das Verlangen spornte mich an. Ich wollte wandern, die Stille spüren, die

Erhabenheit der Natur. Ich wollte meine Schritte, das Knirschen unter den Schuhen hören. Ich wollte den Pfaden folgen und mich von den tausend Perspektiven der Berge überraschen lassen. Ich wollte aufbrechen und ankommen, aufbrechen und ankommen.

Aus jeder gestillten Sehnsucht wuchs eine neue.

Ursula will mir ihr Sonnencap schenken, ein Erinnerungsstück an ihren Hawaii-Urlaub. Ich mag es nicht annehmen, aber sie besteht darauf. Dann lädt sie mich zur Übernachtung in ihr Haus ein. Im Souterrain gäbe es ein Bett in einem Raum, der nicht gemütlich sei, aber immerhin. Geld erwarte sie nicht dafür.

Ich denke gut nach, bevor ich antworte. So sehr ich es genieße, mit Ursula zu reden und zu philosophieren - häufige Kommunikation gibt es auf meiner Reise ja nicht -, so gern möchte ich in den verbleibenden Stunden schweigen, nachdenken, schreiben.

Sie versucht erst gar nicht, mich zu überreden, versteht mich sofort. Also schwingen wir uns auf die Räder und fahren zum Schaupenwirt.

Das am Rande von Kiefersfelden gelegene Gasthaus ist sehenswert, sowohl innen als auch außen. Im letzten Jahrhundert als Arbeiterkantine gebaut, befindet es sich gegenwärtig bereits in der sechsten Generation in Familienbesitz. Jeder neue Besitzer, der es renovierte oder weißelte, hatte die Erinnerungsstücke des vorhergehenden übernommen. So hängen Geweihe des Wildes an der Wand, das der Großvater der heutigen Wirtin vor fünfzig Jahren erlegt hatte, nicht einfach aufgereiht, sondern wohlplatziert. Es ist ihr ein Anliegen, den Dingen eine neue Würde zu geben, den Möbeln, Küchenutensilien, Flechtkörben und altersverblichenen Tischtüchern aus gestärktem Leinen. So wird Teil für Teil gehegt, gewachst, poliert, bis es mit seiner Schönheit die Blicke auf sich zieht. Ursula hat mich zu einem Haus voll lebendiger Geschichte und Behaglichkeit geführt. Nun verabschieden wir einander mit einer Umarmung.

Lupina wird die Nacht in einem Geräteschuppen verbringen, ich wohne im ersten Stockwerk, wenig luxuriös, aber hell und luftig. Beim Blick aus dem Fenster sehe ich nichts als Natur. Toilette und Dusche befinden sich auf dem Flur, ein paar Schritte von meinem Zimmer entfernt - alles bestens.

Nach der Schreibarbeit und dem Abendessen gehe ich noch einmal nach draußen, als erstes in den Schuppen zu meinem Fahrrad, das sich den Platz mit alten, eisernen Gerätschaften teilt. Wie sehr es mir ans Herz gewachsen ist!

„Bringst du mich nach Sils Maria?" flüstere ich, damit mich vor dem Stall keiner hört, „du siehst so aus, als hättest du das vor."

Ist es bedenklich, sein Fahrrad zu vermenschlichen? Was hatte Ursula am See gesagt? Wer viel allein ist, wird komisch.

Danach setze ich mich noch auf eine Bank beim Haus, sehe der Sonne zu, wie sie in ihrem Sinken aufglüht, entschwinde in Zeiten meines Lebens, als manche Sehnsüchte herrlich nebulös waren. Ja, es gibt ein Verlangen nach Irgendwas. Wie es sich anfühlte, weiß ich noch genau.

Paul, Robin und das große Sehnen

1969. Die Discokugel drehte sich. Mit den Bässen kreisten und zuckten Lichtpunkte durch den verqualmten Saal.

Ich war sechzehn.

Tanzen! Wild und ausgelassen. Keine Kopfsache, keine einstudierte Schrittfolge, nichts als Hingabe in das Trommeln und Schlagen, in den rebellischen Rhythmus dieser Zeit. My generation.

Meine Jugend.

Tanzen, abheben, fliegen - wohin?

Ich hätte es nicht sagen können. Diese Zeit war rätselhaft und sie wusste mehr über mich, als ich über sie, denn eigentlich wusste ich ziemlich wenig. Geboren Anfang der Fünfziger, hatten mich die Sechziger noch soeben in der Pubertät er-

wischt, was genügte, mir dieses Sehnen, das Sehnen nach Irgendwas ins Herz zu pflanzen.

Was war da drüben los, auf der anderen Seite des Ozeans? Was hatte Woodstock zu bedeuten, was war dort Schlimmes passiert? Wie rebellisch dieser Zeitumbruch wirklich war, bekam ich nur am Rande mit. Janis Joplin, Jimi Hendrix, Bob Dylan - wer waren diese Musiker, die eine derart provozierende Wirkung auf unsere Eltern hatten? Überall gab es Auseinandersetzungen oder Streit, mit den Söhnen über deren Haarlänge, mit den Töchtern über deren ,losen Umgang' mit Jungen. Die Alten verachteten die Idole ihrer Kinder, ihre ,falschen' Vorbilder, ihre Musik, ihre Themen, mit denen sie sich wieder und wieder befassten. Und überhaupt: Dieser ungehörige Freiheitsdrang war ihnen suspekt, dieses entfesselte Denken und Reden. Mehr noch: Die Alten hatten Angst vor dem Gedankengut ihrer Sprösslinge, die offenbar das nach dem Krieg so mühselig zusammengesetzte Gerüst der Welt zum Einsturz bringen wollten. So machte das Wort ,undankbar' die Runde.

Ich war das älteste Kind in meiner, meine Freundin das jüngste in ihrer Familie. Sie hatte einen Bruder, der das Gymnasium besuchte und Dylan-Fan war. An seiner Zimmertür hing ein Poster von ihm und ein Zettel mit der Aufschrift ,Do not enter'. Mal abgesehen davon, dass seine Eltern kein Englisch sprachen, war das Verbotsschild zu dieser Zeit ein Affront, ein unverschämter Aufstand gegenüber den Eltern, die ja im absoluten Gehorsam aufgewachsen waren und ihrerseits von ihren Kindern das gleiche erwarteten.

Do not enter. Kein Zutritt. Hier diskutiere ich mit meinen Freunden, hitzig, engagiert, verschwörerisch.

Meine Freundin, die sich schon mal dazu setzen durfte, vertraute mir an, dass sie über ‚Vietnam‘ redeten, über ‚Amis und Russen‘. In dem Land am anderen Ende der Welt gäbe es einen fürchterlichen Krieg und ‚Amis und Russen‘ hätten etwas damit zu tun. Aber wir doch nicht, hatte ich gemeint, was soll das dann? Warum reden sie ständig darüber und machen so ein Geheimnis daraus und schließen die Tür ab? In Sachen Politik war ich ein ahnungsloses, unschuldiges Kind.

In der Familie meiner Freundin kam der Tag, als der Konflikt eskalierte und im Zerwürfnis endete, kurz, nachdem der aufmüpfige Sohn sein Abi bestanden hatte. Der Vater setzte ihn vor die Tür, worauf dieser nach Berlin zog, sich an der Freien Universität immatrikulierte und sich nun ganz seinem politischen Engagement verschrieb. Kontakt hielt er nur zu den Geschwistern, zur Mutter Jahre später auch, zum Vater nie wieder.

Im Vergleich dazu war das, was sich zwischen mir und meinen Eltern abspielte, ein Kämpfchen. Sie fanden die Beatles grässlich, diese ‚Beatmusik' mit den Texten, die sie nicht verstanden, weil sie zu den vielen Arbeiterkindern des ,Ruhrpotts' gehörten, die keine höhere Schule und daher keine Fremdsprachen gelernt hatten. So wurde das McCartney-Portrait in meinem Zimmer nur geduldet. Von Peter Maffay und Roy Black, die ich dort auch angepinnt hatte, schien dagegen keine große Bedrohung auszugehen. ,Ganz in Weiß mit einem Blumenstrauß' konnte im übelsten Falle zu früh die Lust aufs Heiraten wecken und ,Du, du allein kannst mich verstehen', na ja. Bei den beiden wusste man wenigstens, wovon sie sangen. Doch mit diesem Beatle stimmte etwas nicht, er öffnete eine Tür, durch die ich nicht gehen sollte.

Ich verstand diese Ablehnung nicht. Was war an Paul so furchtbar? Für mich verkörperte er keinen Aufstand, im Gegenteil. Von allen Beatles hatte ich ihn auserwählt, weil er so süß und lieb dreinschaute, nicht so wie John, der mich erst zu faszinieren begann, als man ihn ermordet hatte. Nein, mit dreizehn, vierzehn lag mir nichts an Konfrontation, eher wünschte ich mir Harmonie, auch für die Beziehung meiner Eltern, deren Wirkungsfelder und Wesensarten nicht verschiedener hätten sein können.

Sehe ich mir heute den legendären Hochhausdach-Auftritt der Beatles mit dem Song ,Don't let me down' an, dämmert es jedem, dass mein großer Schwarm mit seinem Ich-kann-kein-Wässerchen-trüben-Blick nicht so artig war, wie er auf dem Bravo-Poster den Anschein erweckte.

O ja, Mutter und Vater waren nicht ohne Grund skeptisch! Pioniere sind nie brav und harmlos, mit ihrer bahnbrechenden Beatmusik hatten Lennon, McCartney, Harrison und Starr nicht nur eine Jugendgeneration aufgemischt.

Ich wache aus meinen Gedanken auf. Die Sonne ist versunken, hat die Schatten mitgenommen. Weich liegt die Dämmerung über dem Land, die Leuchtkraft der Farben ist fort.

Ich mag noch nicht ins Haus gehen. Obwohl ich müde bin, verliere ich mich noch einmal in dieser empfindlichen Zeit.

Lichter im Dunkel, schwarze Scheiben, die sich drehten, Tonarme, die sich auf sie herabsenkten, mit Nadeln, die schwingend durch ihre Rillen glitten. Musik, die ich liebte, Musik, die m i c h liebte.

Die zuckenden Lichter blieben stehen wie die Tanzpaare, die sich eng umschlungen nur noch auf dem Fleck bewegten. Streicher setzen ein, mit den warmen Klängen der Cellos, melancholisch, melodisch, gefolgt von der Stimme - Robin Gibbs.

Massachusetts.

Kein Song hatte eine so unbestimmte, schmerzliche Sehnsucht in mir geweckt, noch nicht einmal ‚Let it be‘. Massachusetts war der erste weltweite

Nummer-Eins-Hit der Bee Gees, die gerade mal neunzehn, beziehungsweise zweiundzwanzig Lenze zählten. Höre ich das Lied heute, kommen mir die Tränen, weil ich das Gefühl unverfälscht wieder spüre und weil mich Robins sensible und so besondere Stimme wie einst tief berührt.

Was ist seitdem mit mir geschehen, was hat sich verändert? Wie ist es möglich, dass dieselbe Melodie, dieselbe Stimme wirkt wie fast ein halbes Jahrhundert zuvor? Weil ich mich weniger verändert habe, als ich denke, oder weil Zeit gar nicht existiert? Weil ich über diese fünf Jahrzehnte hinweg das sehnende Kind geblieben bin?

Von Kiefersfelden nach Rattenberg

In Kiefersfelden gibt es eine Rarität: einen über-
schaubaren Dorfsupermarkt, nach dem ich nicht
suchen muss, der einfach so an der Straße liegt,
auf der ich gerade entlang fahre. Ich kaufe Zahn-
pasta und ein Pfund Heidelbeeren.

Mühelos habe ich den Inn-Weg gefunden und -
welche Freude, als ich es zum ersten Mal entdecke! - das grüne Radwegschild mit der Aufschrift
‚Innsbruck'.

Es ist Freitag, der neunte Tag.

Nachwievor kommt mir der Fluss gerade ausge-
richtet aus den Bergen entgegen. Welke Blätter
treiben auf den Wellen, in denen sich das Mor-
genlicht bricht, den Fluss in eine silberne Bahn
verwandelt. Die Berge wachsen, ihr Fels ist fast
zum Greifen nah, Tannen säumen die Höhen.

Weiter, rechtsseitig. Noch ein Katzensprung.

Dann ist es soweit. Ich rolle auf Lupina in die Alpen hinein und bin nun endgültig in Österreich,
im Unterinntal Tirols.

Auf der anderen Flussseite liegt oberhalb einer
Kaimauer Kufstein. Über Häuserreihen ragt steil
der Festungsberg mit seiner trutzigen Burg auf,
der Event-Standort der Stadt. Und als solle der
imposante Anblick noch getoppt werden, erhebt
sich dahinter der vielfach höhere Stadtberg, der

zu den Randerhebungen des westlichen Kaisergebirges zählt. Sieben größere Achen und Bäche münden im Raum Kufstein beidseitig in den Inn.

Es fällt mir nicht leicht, die Stadt unbesucht zurückzulassen, zu verführerisch sieht sie in ihrer prächtigen Lage aus. Soll ich eine Ausnahme machen und einen Tag hierbleiben?

Nein. Ich werde wiederkommen, irgendwann.

Unmittelbar hinter Kufstein rückt erneut die A 12 heran, dieses Mal von rechts. Der Weg bleibt beim Fluss.

Kufstein! Tirol! Ist das nicht unglaublich?

Ich fühle mich so euphorisch, dass ich es nicht mehr aushalte, die Gefühle müssen raus. So steige ich vom Rad, hole das Telefon aus dem Rucksack. Ein flüchtiger Blick nach vorn und zurück - niemand zu sehen, keine Zeugen... schnell tippe ich den Namen meiner Tochter an.

Und dann singe ich, etwas atemlos und grenzwertig tonsicher, meinen kleinen Enkeln über die Sprechtaste das Kufstein-Lied. Ich muss *singen*, sprechen und erzählen genügt nicht. In diesem Moment, wo ich dort stehe und ins Telefon trällere, bin ich randvoll mit Zuversicht. Meine Tochter erzählte später, sie habe den Kleinen meinen ‚Song‘ wieder und wieder vorspielen müssen.

Stets bleibe ich beim gerade verlaufenden Fluss. Kurz vor Wörgl, bei den Orten Kirchbichl und Angath, windet er sich wieder in Schleifen. Seit einer Weile halte ich Ausschau nach einem netten Pausenplatz. Bei Kirchbichl werde ich fündig.

Ein Pfad führt über eine Böschung hinunter zum Flussufer. Dort steht eine Bank zwischen schiefen Bäumen, daneben gibt es eine kleine Lagune. Bevor ich meinen Proviant auspacke, stelle ich mich ans Wasser und beobachte, wie es um die Steinbrocken spielt, die dort liegen.

Schleier feinsten Staubes schweben darin, ziehen gen Strömung, werden zerrissen oder kehren zurück. Ich sehe diesen Milchbahnen zu, wie sie kreiseln und sich auflösen, denke, dass der Inn alles ist: wild und unberechenbar, verspielt und sanft, laut und flüsternd, lebendig in Freiheit, fast tot, wo er eingesperrt ist. Als Geber und Empfänger scheint seine Energie unerschöpflich, seine Selbstheilungskraft ist enorm.

Die Frage drängt sich auf: Und wer bin ich? Eine, die das ‚Unmögliche‘ versucht, die überzeugt davon ist, dass kein Verlangen so abwegig ist, als dass ich seiner Erfüllung nicht eine Chance geben sollte. Was dabei herauskommt, weiß ich nicht, vielleicht nichts von Bedeutung, vielleicht eine kalte Dusche. Vielleicht etwas, das mich ganz still werden lässt vor Glück.

Ein Wunder im Jahre 1962

Ich muss wohl neun gewesen sein, als sich die Sache mit Robby ereignete. Er war ein grüner mun-

terer Vogel mit einem zitronengelben Köpfchen. Wenn wir morgens um den Küchentisch saßen und frühstückten, zwitscherte er laut und frech, kletterte die Käfiggitterstäbe behände hinauf und hinunter, machte viel Radau.

Einmal am Tag durfte unser Wellensittich seinen Käfig verlassen. Dann war die Gardinenstange sein bevorzugter Platz, wo er aus der Höhe auf uns herabsah und seine komischen Häufchen fallen ließ. Hielt man einen Handspiegel hoch, dass das Licht darin reflektierte, ruckte er mit dem Kopf, schaukelte vor und zurück, solange, bis er abhob und auf den Spiegelrand zuflog. Dort sitzend beugte er sich nach vorn und pickte gegen sein Spiegelbild, als küsste er sich selber. Dann konnte man ihn zum Käfig tragen und er hüpfte bereitwillig hinein.

Einmal hatte jemand versäumt, die Haustür zu schließen. Robby befand sich außerhalb des Käfigs, hockte auf der Gardinenstange. Unsere Mutter schrie noch: Vorsicht, Vogel!, da war er schon hinausgeflogen. Ich stürzte hinterher, aber unser Hausgenosse war fort.

Wo sollten wir ihn suchen? Es war Frühling, alles stand in frischem Laub, rundherum gab es reichlich davon. Er konnte überall und nirgends sein und war mit seiner grünen Farbe bestens getarnt.

Der Spiegel! Die einzige Hoffnung. Ich packte ihn und drückte ihn an die Brust. Dann trommelte ich gemeinsam mit meinem kleinen Bruder eine ganze Kinderschar zusammen.

Wir suchten, wie Kinder agieren, unstrukturiert, ohne Plan, mit hingebungsvoller Begeisterung. Es gab viele Bäume in unserer Wohnsiedlung, Gärten und Vorgärten. Jeder Busch und jede Baumkrone wurde inspiziert, Vögel in der Luft mit den Augen verfolgt.

Nichts. Robby war weg. Ein paar Kinder ließen traurig die Köpfe hängen und gingen heim, andere blieben und suchten unentwegt weiter.

Dann endlich hörten wir eines aufgeregt rufen. Es hatte unseren kleinen Exoten im Birnbaum der Nachbarstraße erspäht, wo er auf einem Zweig saß und sich mit seinem schimpfenden Gezwitscher verraten hatte.

Ich hielt den Spiegel hoch, gegen die Sonne, ließ ihn blinken und blitzen. Obwohl die Entfernung im Freien größer war als in der Wohnung, hatte Robby die Lichtreflexe bemerkt, zauderte aber noch und nickte mit dem Kopf wie ein Pferd mit den Hufen scharrt, bevor es lospprescht. Solange ließ ich nicht nach, ihn zu locken und mit schmeichelnder Stimme zu rufen.

Dann endlich hob er an und flog... direkt auf den Spiegel. Meine Hand zitterte, fast hätte ich aufgeschluchzt vor Freude.

Nun nach Hause. Ungewohnt langsam und bedächtig setzte sich die Horde der Kinder in Bewe-

gung, in einer mucksmäuschenstillen Prozession. Ich spürte die aufgeregte Spannung der anderen, unser gefiederter Freund hätte jede Sekunde auffliegen können, in eine alles andere als tropische Freiheit, die ihn, sollte er nicht vorher in die Fänge einer Katze geraten, spätestens im Winter das Leben gekostet hätte.

Vorsichtig den Weg durch unseren Garten hinauf... Ich schnalzte und schmatzte ganze Salven von Luftküsschen, animierte ihn, auf sein Spiegelbild einzupicken, währenddessen er gebannt von den anderen Kindern beobachtet wurde.

Mein Bruder hatte sich von der Gruppe abgesetzt und war vorgeeilt. Als ich mich der Haustür näherte, stand sie weit offen, damit ich gerade hindurch treten konnte. Mein Herz klopfte bis zum Hals, als ich im Zeitlupentempo die Treppenstufen hoch ging.

Die letzten Sekunden verstrichen. Der Vogel ließ sich ins Haus tragen, mein Bruder schloss hinter mir hastig die Tür. Als sei nichts gewesen, hüpfte der Ausbüxer in seinen Käfig, wo er sich sogleich über seinen winzigen Futtertrog hermachte.

Für den Rest des Tages war ich schweigsam, das kleine Wunder hatte mir die Sprache verschlagen. Erst viele Jahre später, als ich einen Artikel über Wellensittiche las, verstand ich mehr. Wie andere Papageienarten leben sie in der Freiheit Australiens in Schwärmen. Für die Gefangenschaft ge züchtete Sittiche verlieren diesen Instinkt nicht und so fühlt sich ein einzelnes Tier selbst im Wald unter tausenden von Vögeln einsam. Einen Artgenossen braucht es, den es küssen kann.

Viele Radfahrer sind unterwegs. In Angath muss ich die Uferseite wechseln, dort setzt sich der Weg fort. Nun fahre ich auf Wörgl zu. Soll ich zur Nacht hierbleiben? Nein. Es ist noch zu früh, diese Tagesetappe zu beenden.

Nördlich geht es an Wörgl vorbei und die Stadt bleibt zurück. Auch die Autobahn hat die Seite gewechselt. Ich fahre eine Stunde lang zwischen dem Fluss und der erhöhten Straße, nicht schön, aber ich komme gut voran. Erst jetzt registriere ich, dass ich seit dem Seitenwechsel allein bin. Wo sind sie alle?

Dann plötzlich neigt sich der Weg abwärts - und endet jäh. Vor mir liegt eine hügelige Landschaft aus Sand und Geröll, die sich zum Fluss hin ausbreitet. Augenscheinlich bin ich in einer Sackgasse gelandet. Und was nun? Ich öffne die Satteltasche und nehme die Karten heraus.

Vis á vis im Süden liegen die Kitzbüheler Alpen. Von dort kommt sie, aus der hinteren Wildschönau, aus der Kundler Klamm, durch die sich das Gebirgswasser den Weg ins Unterland gebrochen hat: die Wildschönauer Ache.

Ich stehe an ihrer Mündungsstelle.

Auch kleine und sehr kleine Flüsse können Großes in der Natur vollbringen. Wenn sie sich, wie die Wildschönauer Ache, aus der Höhe hinab in ein Tal bewegen, dort abrupt auf flaches Gelände mit wenig ausgeprägter Oberflächenstruktur stoßen, verringert sich mit dem Gefälle ebenso abrupt das Fließtempo und somit das Transportvermögen des Wassers. Das vom Flüsschen mitgeführte Gesteinsmaterial bleibt liegen und lagert sich ab. So entstehen solche Schwemmkegel wie der, vor dem ich jetzt stehe.

In ihrem Sandbett bleibt mir die Ache zunächst verborgen. Erst, als ich die Umgebung zu erkunden anfange, über die Rinnen steige, das Kalkgeröll und den bleichen Sand, entdecke ich ihr Wasser, das sich schräg und blau zur Strömung hin an die Seite des Inn schmiegt. Erst später werden sich die Farben der beiden Flüsse vermischen.

Mein Inn! Ruhig und unverändert kraftvoll zieht er in graugrünen und jadefarbenen Bahnen vorbei - so farbenprächtig kenne ich ihn noch nicht. An beiden Flussufern quillt das Laub der Wälder in dunklem Grün, hohe Berge erheben sich darüber und über all dem flirrt der wolkenlose Himmel. Nun, da ich den Fahrtwind nicht mehr spüre und meine Beine mich tragen müssen, fühle ich mich plötzlich träge, gelähmt von der glühenden Hitze. Gemächlich wandere ich über die Sandhügel zum Flussstrand hin, sehe mich nach einem größeren Stein als Sitzplatz um. Diesen wunder-vollen und für mich so überraschenden Ort kann ich nicht sofort verlassen, ich möchte auf jeden Fall noch bleiben. Keine fünfzig Meter hinter mir dröhnt die Straße, ohne Pause fahren Menschen in ihren Fahrzeugen vorbei, wissen nichts vom sommerlichen Farbrausch dieser Mündungsland-schaft - wissen nichts von mir. Hier, an einer der Verbindungsstellen des Lebenskreislaufs, will ich ein weiteres Mal die Gedanken fließen lassen.

Die, die oft zu spät kommt

Ein Krankenhaus-Montag des Jahres 1953.
Das Fruchtwasser war bereits grün und ich ließ immer noch auf mich warten. Erst mit Hilfe der Geburtszange erblickte ich das Licht der Welt. Fast wäre es schief gegangen und meine Mutter hätte eine neue Tragik in ihrem Leben erfahren.
Immer kämpfte ich gegen das Zuspätkommen an. Zu besonders wichtigen privaten und berufli-chen Terminen schaffte ich es, auf die Minute einzutreffen, ansonsten waren akademische fünf bis fünfzehn Minuten immer drin, und das brach-te natürlich innerhalb unserer Pünktlichkeit lie-benden Gesellschaft viel Tadel, ärgerliche Blicke und Auf-den-Arm-nehmen mit sich.
Der Missmut derjenigen, die auf mich warten müssen, hat mich nie kalt gelassen, ein grund-sätzlich pünktlicher Mensch wurde ich dennoch

nicht. Ob diese Unfähigkeit mit dem Geburtser-
eignis in Zusammenhang steht? Fest steht, dass
ich die Zeit vergesse, mich in dem, was ich tue, so
gern verliere, was nahezu immer der Fall ist. Ich
lasse mich bis zum Grund sinken, so dauert der
Tauchgang zu lange, um ,pünktlich' wieder oben
zu erscheinen. Wie damals, als ich noch ein klei-
nes Mädchen war. Erinnern kann ich mich nicht
daran, meine Mutter hatte es mir erzählt.

Es geschah im Getümmel eines Warenhauses,
dass ich ihr verloren ging, in dem Moment, als sie
sich einen Rock genauer ansah. Zuerst blieb sie
ruhig und suchte mich zwischen den Kleiderstän-
dern. Als sie mich nicht fand und Rufen nichts
half, rutschte ihr das Herz in den Magen vor Sor-
ge.

Man rief mich über den Lautsprecher aus. Die
Zeit verstrich und für meine Mutter dauerte es ei-
ne gefühlte Ewigkeit, bis sich endlich jemand aus
der Damenoberbekleidung meldete, ganz nah bei
der Stelle, wo ich verschwunden war. Eine Ver-
käuferin hatte auf der Suche nach Kleiderbügeln
tief unter die Ladentheke geschaut und ein Kind
gefunden. Ganz ruhig soll es da gesessen und mit
allem gespielt haben, was dort zu finden war.

Kinder sind schwer von ihrem Spiel zu trennen,
die Hingabe ist nötig, weil sie so am intensivsten
lernen. Bis heute hat mir das Leben diese kindli-

che Eigenschaft kaum austreiben können. Nach wie vor schlüpfe ich ‚unter die Ladentheke' - besonders gern mit einer Arbeit -, blende alles um mich herum aus, bis unabwendbar der Moment naht, wo ich auftauchen und mich in die andere Welt wieder eingliedern muss, was wie folgt vor sich geht: Zögernd strecke ich die Nase unter der Theke hervor, zwinkere mit den Augen und staune, wie spät es ist. Natürlich habe ich dann Mühe, punktgenau dort zu erscheinen, wo ich erwartet werde. Die Uhrzeiger sind davongelaufen und ich renne mit hängender Zunge hinterher, obwohl ich doch eigentlich genug von Hast und Eile habe.

Es ist auch vorgekommen, dass man mir wegen meines Hangs zur Unpünktlichkeit Disziplinlosigkeit vorgeworfen hat, was auf den ersten Blick zutreffen mag, es aber nicht ist, im Gegenteil. Ich hatte mir schon immer freiwillig viel abverlangt, in einer bestimmten Phase meines Lebens auch deshalb, weil mir nichts anderes übrig blieb.

Ausnahmezustand

1994 - 2005. Es gab eine Zeit, in der ich mehr zu leisten hatte, als ein einzelner Mensch zu leisten vermag. Die Uhr war sozusagen mein Sparringspartner. Oder war sie nicht eher ein Wettkampfgegner, den es zu besiegen galt? Ich sehe mich in einem Café sitzen, in das ich mich in Klausur be-

geben hatte, um mit Hilfe eines Blatt Papiers an diesem neutralen Ort mein Leben zu ordnen. Eine Tabelle mit drei Spalten hatte ich darauf gezeichnet: Kurzfristig zu erledigende Aufgaben - Aufgaben, die noch ein wenig Zeit haben - Aufgaben, die ich vorerst aufschieben kann.

Achtzig Prozent aller Einträge tummelten sich in der ersten Spalte.

Ich starrte sie an und war verzweifelt, begriff ich doch, dass ich mit dem Tageskontingent von vierundzwanzig Stunden chancenlos war - ein Kampf gegen Windmühlen, den ich nur verlieren konnte.

Dessen ungeachtet marschierten die Uhrzeiger. Ich rannte hinterher in einem Jahre dauernden Marathon. Als dieser hinter mir lag, erkrankte ich an einer Depression. Drei Monate Bodenlosigkeit, in der ich nicht einmal fähig war, Geschirr zu spülen. In dieser Zeit war Pünktlichkeit ein Wort, das in einem der schwarzen Löcher des Weltalls verschwunden war.

Wie schön es hier ist! Nirgendwo kann man so leicht in zeitlose Räume entschlüpfen wie in der Natur. Alles, was in einem hart ist, wird weich und fließt davon wie das Wasser des Flusses. Ich hebe die Hand und wische ein paar Tränen fort. Meine Lippen schmecken wieder nach Salz. Auf dieser Reise wird viel geschwitzt und geweint.

‚Wenn das Herz nur warm ist und schlägt, wie es schlagen soll, dann friert man nicht.‘
(Pippi Langstrumpf)

Der Zeit hingeben, sich darin verlieren, Dinge geschehen lassen... wie 1978, als unser erstes Kind zur Welt kam.

Verloren in Geburtswehen, verloren im Schmerz und im Warten. Nicht nur das Kind, auch ich, die Mutter, wurde geboren. Als ich meinen Sohn zum ersten Mal sah, sein Gesicht berührte und seinen Duft atmete, fühlte ich mich selbst wie ein neuer Mensch.

Zwanzig Monate später legte mir eine andere Hebamme meine Tochter in den Arm, vier Jahre darauf kam mein zweiter Sohn auf die Welt. Dreimal durfte ich das elementare Glück des Gebärens und Geborenwerdens erfahren, dreimal setzte die Zeit für mich aus. War ich meiner Aufgabe als Dreifach-Mutter gerecht geworden?

Als Sozialarbeiterin hatte ich jahrelang mit Kindern zu tun, doch der Umgang mit den eigenen ist eine andere Sache, psychologisch und pädagogisch Ausgebildete sind nicht selbstredend gute Väter und Mütter, was man auch immer darunter verstehen mag. Das erlernte Wissen kann dazu führen, dass sie zu viel beobachten, reflektieren, interpretieren und steuern, weil sie Fehlentwicklungen kennen und verhindern wollen.

Autoritäre und autokratische Erziehung kam für uns junge Eltern keinesfalls in Frage, ein für alle Male sollten Fremdbestimmtheit und blinder Gehorsam ein Ende haben. Eine Reihe alternativer Erziehungsstile stand zur Auswahl: antiautoritär, laissez-faire, egalitär... grenzenloses Erzieh-Vergnügen! Während man in Kindern bislang nichts anderes als unfertige Erwachsene gesehen hatte, die man noch zu Beginn des letzten Jahrhunderts auf Grund ihrer Unterlegenheit mit Arbeit und Pflichten beladen konnte, hatte sich die kindliche Persönlichkeit im Laufe der Zeit zum Experimentierfeld entwickelt. Die Kleinen waren ja wie Bücher mit leeren Blättern, die es zu beschreiben galt, und es erwies sich als spannend, was dabei herauskommen würde.

Apropos Bücher. Da war doch eines, das mit seiner Botschaft aus allen herausfiel, das zum literarischen Vorbild der Frauenbewegung wurde? Und da waren diese vielen Abende, als ich meinen drei Schätzen ‚Pippi Langstrumpf' vorlas, dieses revolutionäre Werk der Kinderliteratur. Astrid Lindgren hatte die Geschichte 1941 geschrieben, als noch der Martinet - die Klopfpeitsche - an häuslichen Wänden hing, mit der man ‚unartige' Kinder züchtigte, das elterliche Machtwort nicht nur in Schweden als das Alleinentscheidende galt.

Die anarchische Geschichte der selbstbestimmten Göre, die der allwissenden Erwachsenenwelt *zeigte, was Kinder wirklich wollen, hatte für Wirbel gesorgt. Eigentlich unglaublich, dass das Buch - nach anfänglichem Zögern - 1945 in Schweden verlegt wurde, in Westdeutschland kam es 1950 auf den Markt. Es brach haufenweise Regeln und Tabus, während Pippi selbst nichts tat als spielen, ‚arbeiten', ihren Einfällen fröhlich freie Bahn zu lassen. ‚Ich mach mir die Welt, wie es mir gefällt' hört sich wie ein Erwachsenen-Werbeslogan der aktuellen Zeit an.*

Es hatte seinen Grund, warum die kleinen Leute weltweit das Mädchen mit den Zöpfen liebten. Es lebte in seiner ‚Villa Kunterbunt', wie Kinder gerne leben würden, ließe man es zu: unbekümmert, leidenschaftlich, bunt, fröhlich, freigiebig, kreativ. Da ein solches Leben unter Erwachsenenaufsicht nicht vorstellbar war, hatte die Autorin die Eltern aus dem häuslichen Bereich des Kindes an andere Orte ‚ausgelagert'.

Schrecklich mochte für Kinder die Idee sein, allein, ohne elterliche Geborgenheit zu leben, aber Pippi bekam das hin, die Fürsorge aus der Ferne genügte ihr. Spätestens an dieser Stelle wusste jedes Kind, dass das Leben der Pippi Langstrumpf eine ausgedachte Geschichte war, eine, die nicht nur Mädchen zeigte, dass es sich lohnt, das Leben selbstbewusst zu gestalten. Jedes Kind, dass sich in Pippis Welten begab, erlebte wenigstens in der Fantasie die Sicherheit, sich durch nichts bedroht zu fühlen, nichts fürchten zu müssen, was seine Rechte verletzt, weil Pippi, dank fabelhafter Kräfte, missbrauchende, gewalttätige und willkürlich handelnde Erwachsene stellvertretend für sie aus dem Fenster schmiss. Pippi erfüllte den größten Wunsch aller Kinder: Sie machte die Welt heile (tut es immer noch). Wenn das im Leben nicht zu realisieren war, dann wenigstens in der Fantasie.

Nun aber zu mir. Hatte ich meinen Kindern ein wenig ‚Villa Kunterbunt' geschenkt? Hatte ich im Zusammenleben mit ihnen genug gelernt, geliebt und verstanden? Hatte ich genug Geduld gehabt, Vertrauen geschenkt? Hatte ich zugehört, kluge Antworten gegeben und noch bessere Fragen gestellt? Hatte ich Dinge, unter denen ich als Kind gelitten hatte, nicht an sie weitergegeben? Hatte ich genug Toleranz aufgebracht und an den nötigen Stellen Grenzen gezogen?

Genug... Was heißt das schon? Ausreichend? Befriedigend? Es hatte gewiss nicht immer gereicht oder es war zu viel des Guten.

Schwer waren die Jahre, als die Drei fast zeitgleich in der Pubertät waren, als sie mich jeden Tag auf die Probe stellten und ich mich mit ihnen als berufstätige Alleinerziehende durchs Leben boxte. Da war es vorgekommen, dass ich Tabellen schrieb, die mein Leben ordnen sollten, und dass ich abends in mein Kissen weinte.

Was wäre, dürfte ich noch einmal auf ‚Start' gehen, würde ich anders mit ihnen umgehen wollen und könnte ich das überhaupt? In Teilbereichen vielleicht ja. Aber in allem Grundlegenden, so glaube ich, habe ich meine Aufgabe gut erfüllt. Eine andere Frage ist, zu welchen Fähigkeiten ich ihnen verhelfen wollte. Es wären dieselben wie damals: Lebensfreude, Großherzigkeit, Selbstvertrauen, Geduld, Mut. Ich würde ihnen aufs Neue vermitteln wollen, dass sich Ehrlichkeit lohnt, mit Anderen und mit sich selbst. Ganz wichtig: Noch immer würde ich ihnen wünschen wollen, dass sie lieben lernen. Je älter ich werde und auf den Tag X zurücke, umso stärker glaube ich, dass wir in unserer letzten Stunde mit dieser Drei-Wort-Frage konfrontiert sein werden, dass sie die alles entscheidende sein wird, gleichgültig, ob wir an das Reich Gottes glauben oder nicht: Hast du geliebt? Das Leben, die Menschen, die Natur und auch die schönen Dinge? Hast du dich selbst geliebt, bist du liebend mit dir umgegangen?

Lächelnd wische ich ein letztes Mal die Tränen fort. Es ist spät, die Sonne ist ein gutes Stück weiter nach links, nach Westen gewandert. Ich muss meinen Stein zurücklassen und weiterfahren.

Unter der Autobahn setzt sich der Weg fort. Die betonierte Unterführung bedeckt Schwemmkegelsand, so dass der Weg nicht sofort als solcher erkennbar ist.

Zuerst geht es auf der anderen Seite längs der Autobahn zurück in die Richtung, aus der ich gekommen bin, dann durch einen Tunnel zur linken Seite der Bahnlinie. Am Nordrand der Gemeinde Kundl gibt es ein Wiedersehen mit der Wildschönauer Ache, als ich sie über eine Holzbrücke quere.

Kundl bleibt zurück. Der ebene und gerade Weg verläuft nun vier-, fünfhundert Meter vom Inn entfernt, das Tal, durch das ich fahre, ist breit und flach. Ich trete kräftig in die Pedalen, komme gut voran. Vielleicht schaffe ich es bis Rattenberg?

Dann, von jetzt auf gleich, habe ich genug. Rätselhafterweise macht sich dieser Punkt stets unerwartet und schlagartig bemerkbar. Erkenne ich die ersten Ermüdungssignale nicht?

Die Hitze drückt durch den Helm auf den Kopf, keine Chance, der Sonne auszuweichen, erbarmungslos brennt sie mir ins Gesicht, im Schwitzen bin ich längst Weltmeisterin. Wie immer ist am Ende des Tages das Wasser der Trinkflasche ungenießbar, ich fange an, von einem Fässchen sprudelnder Johannisschorle zu halluzinieren.

Radfeld. Kein Gasthof zu sehen. Weiter.

Dann am Ortsende, vor den Toren Rattenbergs, der ‚Sonnhof'.

Andreas und Biba haben ein Zimmer frei.

Zur Vesper gibt es ein Viertel Blauburger, krosse, mit Speck und Bergkäse überbackene Holzfällerbrote, dazu einen Salat mit dem in Österreich beliebten kümmelgewürzten Weißkohl.

Am Abend trete ich noch einmal ins Freie unter den Dachvorsprung.

Es kracht, blitzt und regnet heftig. Im Nordwesten stehen massig und dunkel die ersten Karwendel-Berge, Donnerschläge knallen über ihren Gipfeln. Die letzten Sonnenstrahlen liefern sich mit den Wolken ein dramatisches Schauspiel.

Wie es sich wohl anfühlt, dort oben zu sein, im Schutz einer Berghütte?

Ich weiß es.

Mündung der Wildschönauer Ache

Von Rattenberg nach Hall

Der zehnte Tag. Zum zweiten Mal ein Samstag.

Vor genau einer Woche war ich in Obernberg gestartet und am späten Nachmittag mit bebenden Knien in Seibersdorf eingetroffen. Solange ist es schon her, dass ich mich schlaflos vor Schmerz und Unbequemlichkeit auf meiner Bettstatt gewälzt hatte? Diese Zeiten sind vorbei! Ich schlafe ruhiger und tiefer und wache am Morgen regeneriert und tatendurstig auf.

Andreas legt mir Rattenberg ans Herz. Mit vierhundertvierzig Einwohnern ist die Stadt der Glasbläser die kleinste Österreichs und man sagt, ihr mittelalterliches Stadtbild sei fast vollständig erhalten.

Viele Einheimische haben mich schon mit Tipps versorgt, von ihrer Heimat erzählt, von historischen Personen und Ereignissen, von Bauwerken und besonderen Museen. Ich sage dann, dass es schade ist, so viel zu versäumen, dass ich alles nachholen möchte, irgendwann. Und dann schildere ich, worum es mir bei dieser Reise vorrangig geht: um den Fluss und um mich. Und ich füge hinzu, dass es mir gefällt, eine Weiterreisende zu sein und dass ich unbedingt den Quellsee des Inn sehen möchte. Manche Leute verstehen das, andere nicht.

Der Weg verläuft dicht am Wasser. So ist es mir am liebsten.

Nach dem prasselnden Regen der Nacht brodelt der Fluss wie eine Suppe im Topf, stürmt schäumend gegen die Brückenpfeiler Rattenbergs.

Die Mündung der von Norden heran fließenden Brandenberger Ache liegt zurück, jetzt ergießt sich bei den Orten Kramsach und Brixlegg der von Süden kommende Alpbach in den Fluss. Und hier ungefähr hole ich Alina und Renate ein. Ja, tatsächlich, ich hole sie ein! Sie sind nämlich Fußgängerinnen. Dank des geraden Wegverlaufs habe ich die jungen großgewachsenen Frauen früh entdeckt.

Wanderstiefel an den Füßen, die Socken darüber gestülpt, sonnengebräunte Beine in Shorts, bunte Tücher auf den Köpfen und großes Gepäck auf den Rücken... wäre ich nicht selbst dabei, meiner Sehnsucht zu folgen, hätte mich Wehmut überwältigt. So bin ich nur neugierig.

Ich steige vom Fahrrad ab und gehe eine Weile mit.

Die beiden Freundinnen aus dem Raum Düsseldorf überqueren die Alpen auf eigener Route, mit Bad Tölz als Startort und Riva del Garda als Ziel. Vorbei an den Flüssen Isar und Mangfall sind sie nach Kramsach gelaufen, befinden sich nun auf dem Weg Richtung Brenner.

Nun überkommt mich doch Wehmut, als ich an den verkehrsgeplagten Alpenpass denke. Im Gegensatz zur Straße sind die Wälder am Brenner verlassen. In üppig gelben Blumenwiesen hatten wir dort oben gestanden, an einem späten Junitag. In der Nacht hatte Schnee die Landschaft mit weißen Tüchern bedeckt und alle Blüten hatten sich frierend zusammengezogen. Dennoch waren wir weitergegangen, über verschneite Waldwege hinüber nach Südtirol - Heike und ich.

Sich Schritt für Schritt tiefer und weiter in unbekannte Regionen hinein zu bewegen ist dem einen ein Graus, dem anderen ein Höhenflug. Ich sehe die erwartungsvolle Freude in den Gesichtern der jungen Frauen wie in einem Spiegel.

Der eigene Weg

Heike und ich blicken auf etliche Rucksacktouren zurück. 2011 hatten wir uns als Duo in Starnberg aufgemacht, das Gebirge auf einer eigenen Route zu überqueren, bis Bardolino, der Stadt am unteren Ende des Gardasees. Am vierten Tag waren wir von Mittenwald ins Dammkar des Karwendels aufgestiegen, zwei Tage später kamen wir bei der Nordkette an und alsbald in Innsbruck.

Viele Tage, viele Anstrengungen. Und immer erlebte ich, wie sich die Mattigkeit, mit der ich am Abend in mein Bett gefallen war, bis zum Morgen in pure Wanderlust verwandelt hatte.

Berge sind unermesslich stark, im Vergleich zu ihnen bin ich überaus schwach. Immer habe ich das Gefühl, meinen Weg nur schaffen zu können, wenn es mir der Berg erlaubt, wenn ich mich auf ihn einstelle, von Bezwingen kann nicht die Rede sein. Berge sind Lehrmeister, die mir so viel abverlangen, dass ich oft an meine Grenzen stoße. Zum Lohn machen sie mich stark und glücklich.

Nach der Kühle des Morgens heizt sich die Luft minütlich stärker auf und ich... transpiriere mal wieder aus allen Poren.

Auf meinem Asphaltweg folgt eine Gruppe Radfahrer der nächsten. Niemand grüßt und ich habe auch keine Lust mehr dazu. Der Fluss indessen grüßt ohne Unterlass. Wenn ich ihn nicht sehe, höre ich ihn.

Von links mündet die Ziller aus dem gleichnamigen Tal in den Inn. Die Berge der Tuxer Alpen haben nun die Kitzbühler abgelöst. Weiter südlich schließen sich den Tuxern die Zillertaler an. Für mich geht es in südwestlicher Richtung stetig auf das Karwendel zu. Obwohl von Bergen umgeben, präsentiert sich das Inntal noch breit und flach, die Wege sind leicht zu fahren.

Über eine Promenade lasse ich nun Wiesing und Strass im Zillertal hinter mir. Bei Rotholz wechsele ich die Seite über eine Fuß- und Radbrücke. In Begleitung von A 12 und Bahnlinie radele ich an

Jenbach vorbei auf Schwaz zu. Drei Stunden bin ich unterwegs.

Bei Stans driften Straße und Schienen ab. Ich bleibe beim Fluss und durchfahre die unansehnlichen Gewerbegebiete von Schwaz. Als diese zurückliegen, geht es auf die Stadt zu, die in einer Biegung des Inn liegt. Das Bezirkskrankenhaus bleibt zurück, dann auch Schloss Mitterhart.

Der Weg wendet sich vom Inn ab.

Wo ist es bloß, verflixt nochmal?

An einer Straßenkreuzung finde ich das Innsbruck-Schild nicht. Ich fahre zurück und wieder vor, suche Zäune und Pfosten ab. Ja, ich bin kurzsichtig, aber ein Schild ist eigentlich groß genug, von mir entdeckt zu werden. Auf der Suche nach einheimischer Hilfe gehe ich auf einen Mann zu.

Erst, als ich direkt vor ihm stehe, bemerke ich seine geröteten Augen. Er schwitzt fürchterlich, worüber ich mich nun wirklich nicht ereifern sollte, aber ich habe das Gefühl, unwillentlich in seine Privatsphäre eingedrungen zu sein und würde mich gern abwenden, was ich nun der Höflichkeit halber nicht mehr kann.

Solange er über meine Frage nachdenkt, wischt er sich mit der Innenfläche der Hand hektisch den triefenden Schweiß von der Stirn, und - ehe ich mich versehe - schüttelt er diese vor meiner Nase aus. Ich spüre Tropfen gegen die Wangen spritzen, sehe mit stillem Entsetzen auf einem Brillenglas helle Punkte haften.

Er deutet nach links. Dort hinten setze sich der Weg fort, was ich mir ganz und gar nicht vorstellen kann. Ich widerspreche aber nicht und lasse ihn ziehen. Während ich dastehe und überlege, was nun zu tun sei, nähert sich auf dem gegenüberliegenden Gehsteig ein anderer Passant. Ich bedeute ihm, ein Problem zu haben und sogleich kommt er herüber, um zu helfen.

Das Schild hängt dort, wo ich bereits gesucht habe, an einem Ampelpfahl, allerdings unter den Signallichtern, angeschraubt für Leute mit Giraffenhals, der reinste Schildbürgerstreich.

Zu meiner Linken strömt der Fluss, zur Rechten verlaufen wieder Bahnschienen.

Kurz hinter Terfens passiert es. Ich stoppe, um zu fotografieren, komme nicht richtig zum Stehen, kann das Gleichgewicht nicht halten und kippe gegen eine niedrige Steinmauer.

Da liege ich und fluche, inzwischen bin ich wohl ziemlich kraftlos. Doch dann beglückwünsche ich mich, habe ich es ja geschafft, so zu fallen, dass sich der Lenker nicht in meine Brust gebohrt hat. Die Haut des rechten Handgelenks ist etwas aufgeschürft, was nicht der Rede wert ist, weil das Gelenk nicht gestaucht zu sein scheint. Immerhin hatte die Hand instinktiv die Mauer von meinem Gesicht ferngehalten.

Und Lupina? Der Lenker ist nicht verdreht, der Lack makellos wie zuvor. Mein Gefährt hat diesen Schwächeanfall heil überstanden, an Schönheit nichts eingebüßt.

Aufsteigen, weiterfahren, bloß nicht jammern. Niemand wird mich in einer Sänfte ins nächste Hotel tragen.

Aber es ist nun wirklich Zeit für die Quartiersuche.

Fritzens und Baumkirchen, auf der anderen Inn-Seite Wattens und Volders - alle vier Orte bleiben zurück. Dann rolle ich, an Mils vorbei, direkt in die geschichtsträchtige Altstadt von Hall in Tirol.

Der Tank ist leer. Ich gähne herzhaft.

Wo ist mein Bett, meine Dusche, mein Hotel, meine Oase? Wie schön wäre es, würde ich das alles an Ort und Stelle, inmitten der alten Gemäuer, finden. Und dann könnte ich morgen mal eine Ausnahme machen und mich vor der Weiterreise ein Stündchen in der Stadt umsehen.

Ich finde nichts von all dem. Allerdings gebe ich mir auch wenig Mühe, zum langen Suchen habe ich keine Kraft mehr.

Der Himmel hat sich bedeckt, bald wird es regnen, vielleicht gewittern wie am Abend zuvor. Wie spät ist es? Halb sechs. Nicht ein einziges Mal habe ich heute auf die Uhr gesehen und nun drängt die Zeit. Im Auto kann man zur Not schlafen, auf dem Fahrrad nicht, so erheiternd der Gedanke ist. Plötzlich habe ich es eilig, gleichzeitig merke ich, dass mein Körper kurz davor steht, seine Dienste zu verweigern. Dies sind die Momente, wo es schwer ist, allein zu sein. In den Bergen hätte nun Heike die Sache übernommen, ihre Energie reicht etwas länger als meine. Hand in Hand, eine für die andere.

Ich *muss* ein Bett finden! Sonst werde ich, obdachlos wie ein herrenloser Hund, in ein dunkles Loch kriechen müssen, was eine grausame Vorstellung ist. Der Mensch braucht ein Dach über dem Kopf.

Der Inhaber eines Restaurants hilft mir weiter. In Hall sei kein Zimmer mehr frei, das einigermaßen bezahlbar wäre, erklärt er mit Bedauern, ich müsse wohl oder übel weiterfahren, am besten zum Hotel ‚4-Rest' am Westende der Stadt. Das Vier-Sterne-Hotel sei groß, und die Preise günstig, ein Einzelzimmer koste in dieser Bettenburg nur fünfundsechzig Euro. Vielleicht würde ich ja dort fündig werden.

Ein Lichtblick, aber keine Sicherheit...

Ich radele weiter, auf dem breiten Gehweg an der Straße entlang. Der Himmel ist düster, mittlerweile dämmert es, die Eintönigkeit der Fahrt macht mich noch müder. Vorsicht ist geboten, bloß kein Sturz vom rollenden Fahrrad! Ich versuche, optimistisch zu sein, meine Konzentrationsfähigkeit mit guten Gedanken wachzuhalten. Aber stattdessen kommt mir der kleine Andy in den Sinn. Ausgerechnet er.

Im letzten Moment waren der Junge und seine Familie der Obdachlosigkeit entwischt. Was nicht bedeutet, dass sich die Dinge gut für ihn entwickelten.

Andy

1976. Eine Großstadt in Nordrhein-Westfalen.

Ich war dreiundzwanzig und ofenfrische Sozialarbeiterin. Es ging recht schnell, bis ich mich über den ersten echten Job nach dem Anerkennungsjahr freuen durfte: die Leitung dreier Spielstuben und die beratende Unterstützung der Eltern, was wenig aufregend klingt, es aber doch war, weil es sich um Einrichtungen innerhalb sozialer Brennpunkte handelte, die man bis dato unter dem Begriff Obdachlosenasyle gekannt hatte.

Hier lebten Menschen, die man aus verschiedenen Gründen aus ihren Mietverhältnissen geworfen hatte, solche, die an sämtlichen gesellschaftlichen Aufgaben gescheitert waren: verzweifelte und gedemütigte, prügelnde und saufende, bis zum Stumpfsinn resignierte Männer und Frauen - und auch ihre Kinder fristeten in diesen Siedlungen ihr Dasein.

In einer der Spielstuben gab es den zarten sechsjährigen Andy, ein hübsches Kerlchen mit Sommersprossen und braunen Augen, die mich nicht nach Kinderart, gerade und klar, ansahen, sondern, stets auf der Hut und wie mit einem Schleier überzogen, hin und her huschten. Solange sein Vater in Haft war, holte die Mutter einen gewalttätigen Freund nach dem nächsten in die Vierzig-Quadratmeter-Wohnung, in der sie mit ihren vier Söhnen lebte, die alle ohne jeden Funken Empathie aufwuchsen, wobei Andy wohl am schlimmsten dran war, keiner zog den Kopf so tief ein wie er. Ich erinnere mich an einen Tag, als eine Betreuerin soeben verhindern konnte, dass er einem Hamster den Hals umdrehte, nicht bösartig, sondern weil er dem Tierchen etwas zeigen wollte, das sich in der anderen Zimmerecke befand.

Der Junge kannte weder Behutsamkeit noch Liebe, seine Geschwister auch nicht. Einmal musste ich miterleben, wie die Mutter auf den zweijährigen Bruder solange einprügelte, bis er sein Lärmen und Herumtollen einstellte. Währenddessen saß ich in der Küche, hörte das Schreien des Kindes und ballte die Fäuste. Als die Mutter, zufrieden mit der Strafmaßnahme, zurück in die Küche kam und sich zu mir an den Tisch setzte, klang mir das Wimmern des Jungen in den Ohren, bis seine Stimme erstarb, weil er eingeschlafen war. Der Schmerz des Kleinen berührte sie nicht. Gute-Nacht-Geschichten und streichelnde Hände waren auch ihr fremd. ‚Sowas kann ich nicht, weiß gar nicht, wie das geht‘, sagte sie und gab noch ein Beispiel: Wenn Andy draußen von älteren Kindern ‚verdroschen‘ worden sei und nach Hause käme, um zu ‚flennen‘, würde sie ihn ohrfeigen und zurückschicken, damit er lerne, sich durchzusetzen.

Sie war eine gutaussehende Frau mit rötlichem Haar und braunen Augen, die Kinder ähnelten ihr sehr. Anders als viele andere resignierte Frauen ihres Umfelds wirkte sie energiegeladen. In ihrer direkten Art war sie redegewandt und recht intelligent. Sie nahm keine Drogen, trank nicht übermäßig, kochte regelmäßig das Mittagessen, sorgte dafür, dass Marco, der älteste, am Couchtisch die Schularbeiten machte. Davon konnte ich mich selbst überzeugen, auch von den Nackenschlägen, die sich der Junge einfing, wenn er eine Zahl nicht sauber ins Kästchen eintrug. Seine Mutter hatte ein Herz aus Stein und ich wollte verstehen, warum. Warum konnte sie den Kindern nicht ein Minimum an Liebe geben, obwohl sie stolz auf ihren Nachwuchs war? Da sie sich recht offen zeigte, besuchten wir gemeinsam ihre Eltern, also die

Großeltern der Jungen. Ich sehe uns noch alle bei Keksen und Kaffee an einem Tisch sitzen und über Prügel reden. Sogar das Wachstuchdekor ist mir in Erinnerung.

,Unsere Tochter macht es, wie sie es kennt, und das ist gut so. Mit ihr waren wir auch nicht zimperlich umgegangen. Und hat es ihr geschadet? Man darf Kindern nichts durchgehen lassen, die vier Bengel brauchen eine harte Hand, besonders jetzt, wo der Vater im Gefängnis sitzt', erklärte der Großvater.

Seine Tochter nickte zustimmend und die Großmutter fügte hinzu: ,Man darf sie nicht verweichlichen, so ist das Leben nun mal'.

Es war zwecklos, dagegen zu argumentieren, ich hätte auch mit dem Tischtuch reden können. Der partnerschaftliche Ansatz, den das Konzept meines Arbeitgebers vorsah, brachte in diesem Fall nicht den kleinsten Erfolg. Am Ende saß ich nur da, zu jung und unerfahren, erschüttert und hilflos. Trotzdem war der Ausflug zu den Großeltern nicht ohne Sinn. Er hatte mir am praktischen Beispiel eine gnadenlose Regel verdeutlicht: Gewalt setzt sich fort wie die Pest. So war der älteste der vier Jungen bereits durch schwere Prügeleien auf dem Schulhof aufgefallen, mit acht Jahren hatte er einen Automaten eingeschlagen.

Dem Jugendamt war der geschilderte Fall schon seit Längerem bekannt, ich selbst hatte mich dort auch gemeldet. Warum sich an der Situation der Kinder trotzdem nichts geändert hatte, weiß ich nicht mehr, vielleicht, weil die Brennpunkte der Stadt Fässer ohne Böden waren, und Problemfamilien außerhalb der Brennpunkte gab es ja auch noch.

Trotz alledem gab ich nicht auf, suchte nachhaltig das Gespräch mit Andys Mutter, bis ich sie bewegen konnte, zumindest für ihn ‚Freiwilliger Erziehungshilfe' zuzustimmen, was bedeutete, dass er in ein Heim oder in eine Pflegefamilie wechseln würde. Es kam aber anders als gedacht. Bei meinem nächsten Besuch empfing mich der Freund der Mutter auf dem Flur, ein Fleischmesser in der Hand. Sie hatte die Einwilligung zurückgezogen, ‚keiner nimmt mir meinen Sohn weg'.

Auf der Rückfahrt zum Büro brach ich heftig in Tränen aus. Nichts für die Kinder tun zu können, war mir unerträglich. Ich litt mit ihnen, was natürlich keine professionelle Haltung war. Das Mitleiden half ihnen nicht und mich würde es eines Tages auffressen. Für diesen Job war ich zu jung, für das Fachgebiet unzureichend ausgebildet.

Drei Jahre lang hielt ich das aus, dann kündigte ich. Gesehen hatte ich genug, Leid, das ich ein Leben lang nicht vergessen würde, Kindergesichter, die mir ins Hirn gemeißelt sind.

Der Abend hat den Tag abgelöst... Vielleicht war es ein Fehler, mich nicht schon vor Hall um ein Quartier bemüht zu haben. Hoffentlich wird diese Fahrt nicht vergeblich sein.

Als ein Bistro am Straßenrand auftaucht, mache ich eine Pause, gehe zur Toilette, wasche Hände und Gesicht. Hier glaubt man auch, dass ich im 4-Rest ein Zimmer bekommen könnte, in ein paar Minuten sei ich dort.

Ich setzte mich an einen Tisch und verspeise ein Stück Schokoladenkuchen wie ein Kind, das nach süßem Trost verlangt. Dann fahre ich weiter.

Erste Tropfen fallen, als ich erneut ein Gewerbegebiet passiere und an seinem Rand das ‚4-Rest' finde, einen kalten, nüchternen Kasten. Sie haben ein Zimmer frei, für fünfundachtzig Euro. Angesichts dieses Preises hätte ich mit etwas Zugabe auch in einem der schönen alten Stadthotels bleiben können.

Hippe Raumgestaltung, Knallfarben akzentuiert auf viel Grau und Schwarz gesetzt, Chrom, blinkendes Glas - ein gemütliches Flair hat das Hotel nicht. Aber was gibt es zu mäkeln? Das Zimmer, das sich auftut, als ich die Chipkarte einstecke, ist mein, der schicke mintgrüne Sessel im Siebziger-Jahre-Stil auch. Ich bin in Sicherheit, der Obdachlosigkeit entkommen.

Wie erschlagen lasse ich mich in den Sessel fallen, starre stumpf vor mich hin und denke noch einmal an Andy und seine Brüder. Sie wären heute zwischen vierzig und fünfzig Jahre alt. Haben sie ihre Kinder verprügelt und versichert, es habe ihnen selbst nicht geschadet? Sitzen sie hinter Gittern oder sind sie womöglich tot? Erschossen, erstochen, im Alkohol ersoffen, zu Tode gefixt? Welche Frauen haben sie in ihr Elend mit hineingezogen?

So sehr mein Bett mit seinen weich gepflegten Bezügen lockt, muss ich doch noch essen, mein Magen knurrt wie ein Hund. Der kleine Kuchen hat bei Weitem nicht die Kalorien aufgefüllt, die ich heute verbrannt habe. Das Hotel bietet nur Bed & Breakfast, ein im selben Gebäudekomplex untergebrachter Supermarkt ist der einzige Ort, wo ich Essbares bekommen kann, in dreißig Minuten schließt er; ich verliere keine Zeit und eile hinüber.

Da das Personal im Begriff ist, den Ladenschluss vorzubereiten, steuere ich den Bäckerei-Imbiss an, der Fertigmahlzeiten in Alu-Schalen anbietet, zu erhitzen in der Mikrowelle. Ich entscheide mich rasch und wähle ein Gericht aus Süßkartoffeln und fruchtig-scharfem Gemüsesugo. Wenn schon, denn schon, denke ich, und bestelle noch ein Viertel Grünen Veltliner dazu. Zwanzig Minuten habe ich für mein Abendessen Zeit.

Als ich mich an einen der Tische setze, kommt es mir vor, als sei der Markt nur noch für mich geöffnet, weit und breit ist kein Kunde zu sehen. Durch die Glasfensterfront beobachte ich, wie der Himmel seine Schleusen öffnet, laut trommelt es auf den Asphalt. Fernab grollt es bedrohlich.

Ich schiebe den ersten Bissen in den Mund und falle fast vom Stuhl. Köstlich! Ein Veggie-Gericht vom Feinsten.

„Schmeckt es Ihnen, ist alles okay?" werde ich gefragt.

Meine beiden persönlichen Verkäufer, ein junger Mann und eine junge Frau, umsorgen mich kurz vor Dienstschluss mit einer beachtenswerten Freundlichkeit.

Siehst du, Gabi, alles wird gut, rede ich mir zu, als ich später in meine weißen Kissen sinke, du musst nur fest daran glauben.

Von Hall nach Hatting

Ein Lärm. Ein Höllenlärm! In meinem Zimmer. In meinem Bett?

Es heult markerschütternd. Herausgerissen aus tiefem Schlaf ziehe ich mir in einem ersten Impuls das Zudeck über den Kopf, stopfe die Zeigefinger in die Ohren. Es hilft nichts. Vor dieser Lautstärke gibt es kein Entkommen. Was ist das?

Ich fahre aus den Kissen hoch, als ich schlagartig begreife: Feueralarm!

Vorsichtig öffne ich die Tür, tue also genau das, was man nicht tun soll. Erst die Schwere, mit der sie aufgeht, erinnert mich an diese Brandschutzregel. Der Flur sieht ganz normal aus, aber von irgendwo höre ich Stimmen, aufgeregt klingen sie nicht. Schlafen wird niemand mehr. Das Sirenengeheul ist so durchdringend, das es komatöse Alkoholiker und sogar Tote aufweckt.

Kurioserweise rechne ich nicht eine Sekunde damit, dass es tatsächlich brennt. Ich öffne das Fenster und beuge mich hinaus. Mein Zimmer befindet sich im vierten Stock, jedoch schließt sich dem Gebäude ein niedrigeres Flachdach an, auf das ich im Falle des Falles springen könnte.

Zehn Minuten. Die Sirene heult. Der Flur bleibt menschenleer, niemand rennt, kein Feuer, kein Qualm. Auf dem angrenzenden Dach tut sich auch nichts. Ein Fehlalarm?

Wie viele Dezibel sind das? Ich fürchte um mein Gehör.

Dann endlich. Auf einen Schlag Ruhe. Ich krieche zurück ins Bett, klappe die Augenlider zu. Meine Müdigkeit übermannt mich, ich bin wohl sofort eingeschlafen.

Wie von der Tarantel gestochen, springe ich aus dem Bett - sie heult wieder!

Das darf nicht wahr sein - ich will schlafen! Am besten zwei Tage lang. Auch, wenn es nicht hilft, presse ich mir die Kissen auf die Ohren.

Drei Minuten, dann verstummt der Ton. Stille.

Und noch einmal, ganz kurz. Jemand hat sich davon überzeugt, dass sie noch funktioniert. Ich rolle mich wieder ein, lausche eine Weile auf den Nachhall in meinem Kopf, dann versinke ich erneut in meinen Vier-Sterne-Schlaf.

Am Morgen fühle ich mich wie gerädert. Zwar könnte ich noch länger im Bett bleiben, habe aber keine Ruhe mehr und will nur noch aufbrechen.

Es war ein Fehlalarm, ausgelöst von einem betrunkenen Gast. Erst, als sich die Feuerwehr davon überzeugt hatte, dass alles in Ordnung war, wurde der Alarm von ihr selbst abgestellt, daher hatte es so lange gedauert. Der zweite Alarm war, wie vermutet, nötig, um die Funktionstüchtigkeit der Sirene zu überprüfen.

Ich muss lachen, als ich an die Probealarme in meiner Schulzeit denke. Sie verkürzten den Unterricht und brachten eine nette Abwechslung in den Vormittag. Aufstellen und in Reih und Glied hinaus auf den Schulhof! Hitzefrei, Feueralarm und Ferien waren höhere Gewalten, denen sich sogar die Lehrerschaft fügen musste. Hier werden diesem Trunkenbold die Einsätze von Feuerwehr und Gendarmerie eine Stange Geld kosten.

Apropos Geld. Beim Auschecken frage ich nach, was es mit dem Preis von fünfundsechzig Euro auf sich habe, den man mir in Hall genannt hatte, eine falsche Auskunft? Nein, das nicht, antwortet die junge Empfangsdame und streckt keck das Näschen hoch, ist die Nachfrage entsprechend groß, steigt der Preis.

Sonntag, der elfte Tag meiner Reise.

Es regnet! Und es sieht nicht so aus, dass sich das bald ändern wird, am Himmel hängt eine dicke graue Wolkendecke. Ich nehme es positiv, zum ersten Mal werde ich nicht der Sonne ausgesetzt sein. Die Luft ist feucht und frisch - eine Wohltat! Fröhlich radele ich drauf los, habe aber das Gefühl, irgendetwas Wichtiges vergessen zu haben. Doch was? Ich bin mir absolut sicher, alles eingepackt zu haben. Das Zimmer war leer.

Den Inn habe ich schnell gefunden. Flott geht es daran entlang, wie auch für den Autobahnverkehr auf der anderen Seite.

Nach zwei Kilometern tauchen die ersten Vororte des Ballungsgebietes Innsbruck auf. Während die Straße in westliche Richtung auf den Knotenpunkt Innsbruck-Wilten und den Bergisel zuführt, kommt der Inn vom nördlichen Stadtrand herab, wo er einen rechtwinkligen Knick vollzogen hat. In diesem Dreieck aus Autobahn und Fluss liegt Alt-Innsbruck.

Ich bleibe natürlich beim Inn, wechsele aber das Ufer und fahre nun linksseitig.

Das Stadtbild verschönert sich. Erste herrschaftliche Häuser. Leute mit Schirmen in nassglänzenden Straßen. Weinstuben, Café-Häuser, Restaurants - ich rolle an allem vorbei. Von Nase und Kinn tropft das Wasser, ich sehe nicht viel hinter der beschlagenen Brille, umso mehr achte ich auf den unmittelbar zu fahrenden Weg.

Komisch. Der Inn ist keine zwanzig Meter mehr breit. Wie kann das sein? Gar nicht kann es sein. Ich bleibe stehen, hole die Karte heraus. Es ist ein anderer Fluss - die Sill! Ohne es zu merken, habe ich den Begleiter gewechselt.

Zwischen den Stadtteilen Saggen und Reichenau mündet die Sill in den Inn, hier folgt der Radweg dem Nebenfluss nach Süden. Hinter den beschlagenen Brillengläsern noch stärker sehbehindert als sonst, bin ich zuerst an der Mündungsstelle, dann an der ersten Brücke, die zum Inn zurückführt, vorbeigeradelt.

Wo kommt die Sill her? Welche Wasser bringt sie mit?

Die Quelle sprudelt auf zweitausenddreihundert Metern Höhe nahe des Brenners, am Rande der Zillertaler Alpen. Im Gegensatz zum Eisack eilt sie nach Norden, durch die enge Tiefe des oberen Wipptals auf das Inntal und auf Innsbruck zu. Weit über ihr klebt auf tausend kleinen und großen Pfeilern die Brennerautobahn an den Berghängen.

Die Herkunft der Sill liegt in den Stubaier Alpen, wo sie unter anderen Bergen das Zuckerhütl entwässert, eine gepuderte und gefirnte Pyramide inmitten der Gebirgsgruppe. Über zahllose Bäche und Bächlein stürzen sich die Schmelzwasser ins Tal und dort in die Ruetz, und diese findet nach Osten ihren Weg in die Sill.

Es regnet und regnet. Auf den Inn prasseln Millionen Tropfen und bringen den Fluss zum sprudelnden Kochen - ein Anblick, der das Fürchten lehrt. Gegenüber heben sich bunte Hausfassaden als Farbtupfer aus dem Einheitsgrau heraus. In den Straßenrabatten leuchten Zinnien in Orange, Rot und Gelb.

Hier ist die Stelle, wo der Inn nach Südwesten abknickt. Ich rolle hinüber zur anderen Flussseite, befinde mich nun unterhalb der Talstation der Hungerburg-Standseilbahn. Ein Blick nach oben, dorthin, wo ich die beiden Bergstationen und das Hafelekar vermute.

Nichts zu sehen. Die gesamte, mit Lawinenbrechern gespickte Nordkette ist von Nebelwolken umschlossen, dass man meinen könnte, es gäbe sie nicht. Von wegen! Wir waren ihr damals sehr nah gekommen. Beinahe zu nah.

Die Welt von oben

2012. Die zweite Etappe unserer Überquerung.

Der Himmel strahlte an jenem Morgen so intensiv blau, dass es die Augen blendete. Vor diesem Firmament hetzte ein kalter, kräftiger Wind einen weißen Wolkenberg nach dem anderen über die Nordkette. Zuerst passierte ich mit Heike die mit Altschnee bedeckten, steilen Geröllhänge auf der Nordseite. Ein Weg mit Abrutschgefahr, denn der Schnee war gefroren und kaum gespurt.

Später stemmten wir uns auf den Grasmatten des Mühlkars gegen den Wind, schauten zu, wie er die aus dem Tal aufsteigenden Dunstschleier nach und nach zerfetzte und auflöste, bis sich der Vorhang für ein berauschendes Theater öffnete: den Blick auf das riesige Inntal und das Gipfelmeer der Ostalpen.

Und dann wanderten wir in tausendsechshundert Metern Höhe über den ausgesprengten Goetheweg, wie Menschen, die für eine Weile die Erde mit den Augen Gottes betrachten dürfen, und fast überfordert damit sind.

Bestimmt würde sie noch da sein, die Bank am Hafelekar, wo wir saßen und nach Süden schauten. Hinter all den Bergen, am Südrand der Alpen, wartete Bardolino. Oft hatten wir während unserer großen Wanderung hohe Punkte aufgesucht, um nach Norden in die Vergangenheit, nach Süden in die Zukunft zu blicken. Stand ich dort oben, hatte ich ein noch stärkeres Gefühl für die Gegenwart als anderswo, für diesen Zustand, der uns so viel bedeutet und der zugleich so flüchtig ist.

Die Bank am Hafelekar. Tief unter uns die Stadt, ein summender Teppich aus Hausdächern.

Der Inn. Auch damals schlammgetrübt, ein breites Band in der Farbe von Milchkaffee, das sich nach Westen und Osten verlor - Fluss und Tal eine horizontale Linie, die die nördlichen Kalkalpen zu den Gneis- und Schiefergebirgen der Zentralalpen abgrenzt.

Und dann schwebten wir mit der Hungerburgbahn aus der Ruhe der Berghöhen hinunter in das pulsierende Leben der Stadt.

Der einfache Regenmantel, den ich mir zu Hause zugelegt hatte, schützt nicht genug. Ich hätte mir einen Anzug kaufen oder mein Wandercape einpacken sollen. Da ich befürchtete, es könne sich beim Absteigen verfangen, hatte ich es nicht mitgenommen, und nun verfüge ich über die totale Beinfreiheit mit Hosen, die an der Haut kleben. Nass sind auch die Ärmelbunde der Jacke, die ich unter dem Mantel trage, und durch die unpraktische Knopfleiste kriecht ebenfalls Feuchtigkeit. Das Leben ist eine immer während Lehre.

Das Nässeproblem macht mir nicht viel aus, zumindest bis jetzt nicht. Was mich stört, ist das Wasser, das von den Hosenbeinen in die Schuhe läuft. Durch die Sohlen jedoch dringt kein Tropfen in die Barfußschuhe, sie sind unzweifelhaft wasserfest.

Der Inn kommt mir nun von Westen entgegen. Nicht weit von hier, hinter dem Stadtteil Höttinger Au, befindet sich der Flughafen. Gelegentlich sehe und höre ich Düsenjets hereinfliegen oder aus dem Tal hinaus.

Ich bin nun im Tiroler Oberland.

Der nächste Meilenstein wird Landeck sein, von wo ich mich strikter nach Südwest in Richtung Schweiz und Engadin bewegen werde. Mit jeder Stunde geht es tiefer ins Gebirge hinein! Ab Zirl wird sich das Tal verjüngen, das Gelände stärker ansteigen, was bedeutet, dass sich das zeitliche Tagespensum wegen der wachsenden körperlichen Anstrengung verringern muss.

Ich halte an, um mir Auskünfte über die Fahrtzeiten nach Telfs, Imst und Landeck einzuholen und spreche einen Mann und eine Frau an, die, gut beschirmt, ihren Hund am Inn Gassi führen. Die beiden Innsbrucker sind an meiner Reise interessiert, so dass sich meine Frage zur längeren Plauderei ausdehnt.

Da stehen wir, an diesem grauen Regentag, ein Stillleben mit Hollandfahrrad und Regenschirmen - eine angenehme Zufallsbegegnung am Inn.

Sie halten es für möglich, dass ich heute Telfs erreichen kann, wenn nicht sogar den nachfolgenden Ort. Morgen dürfte Landeck im Bereich des Machbaren liegen, der Anstieg sei noch nicht gravierend und würde, soweit sie es beurteilen können, keine Probleme bereiten.

Also auf nach Telfs!

So bleibt die charmante Landeshauptstadt Tirols zurück wie alle anderen Städte auch.

Wo sind die Radfahrer? Warten sie in Hotels den Regen ab? Nicht alle, denn nun kommt mir eine ganz besondere Gruppe entgegen: eine achtköpfige Familie mit großem Sattelgepäck sowie vorbildlicher Regenausrüstung. Ein fröhliches ‚Grüß Gott' allerseits!

Mal rechts-, mal linksseitig geht es zügig voran, sofern ich nicht stehen bleibe, um die Brillengläser abzuwischen. Meine Gesichtshaut jubelt - so viel Wasser! -, erholt sich von den Strapazen der Sonnenbestrahlung. Die Luft tut den Atemwegen gut, nichts lastet auf dem Kopf. Um nicht zu frieren, muss ich mich fortlaufend bewegen, daher vermeide ich längere Pausen.

Ein Blitz, der den Himmel sekundenlang orange färbt, dann ein ohrenbetäubender Donnerschlag. Wieder tobt das Gewitter hoch oben im Gebirge.

Inzwischen geht es an der senkrecht aufragenden Martinswand entlang, deren Schattenriss ich seit geraumer Zeit sehe. Sie ist der sechshundert Meter hohe Abbruch des Kleinen Wandkopfs und die erste Wand, der ich so nah bin, dass ich sie berühren könnte... und will. Ich bleibe stehen, trete an den Fels heran, lege die Hände dagegen. Die Kraft, die von ihm ausgeht, ist ungeheuerlich.

In meinen Schuhen schmatzt es, ich spüre Wasser an den Zehen, permanent läuft es von oben hinein. Sie werden Tage zum Trocknen brauchen, vorausgesetzt, es regnet nicht mehr.

Dann wären da noch... die Satteltaschen!

Sie sind nicht wasserdicht. Das ist es, was ich vergessen habe. In der einen befindet sich meine komplette Wechselwäsche. Am Morgen hätte ich sie in die Plastikbeutel stecken müssen, die sich in der zweiten Tasche befinden. Das habe ich fein hingekriegt.

Mein Ärger dauert eine Minute.

Bei Zirl wechsele ich die Uferseite. Weiter. Hier noch nicht. Auch, wenn Telfs noch fern ist, will ich mich doch wenigstens so weit wie möglich der Stadt nähern.

Inzing... vorbei. Der Radweg ist wie ausgestorben.

Dann plötzlich eine Sperre, die Umleitung führt weitläufig über offene Felder hinaus. Dort geht es, wie bestellt, erst richtig los, es gießt wie aus Eimern, weit und breit nichts, wo ich Schutz finden könnte. Ich triefe, als hätte ich in voller Montur geduscht.

Und da habe ich genug, von einer Minute zur anderen.

Als ich in Hatting einrolle, liegt ein Gasthaus am Wegrand, das einzige des Dorfes. Hinter den Fensterscheiben leuchtet es warm und einladend - mein Knusperhäuschen! Ich stelle das Fahrrad ab und stapfe, tropfnass wie ich bin, hinein und reiße mir sofort die Brille von der Nase, weil ich nun vollends im Nebel stehe.

Hochbetrieb. An allen Tischen sitzen Leute, eine Frau sieht mit großen Augen zu mir herüber. Bedienungen rennen hin und her, eine Kellnerin erkundigt sich, ob ich einen Tisch wünsche. Später gern, erwidere ich, dringlicher wünsche ich aber ein Zimmer für eine Nacht, ob sie denn eines frei hätten. Sie will nachfragen, bittet um eine Minute Geduld und eilt in einen angrenzenden Raum.

Während ich mit dem Helm in der Hand warte, starre ich auf die wachsende Pfütze, die sich um die Schuhe gebildet hat. Bis zur Eingangstür zieht sich die glänzende Spur der Abdrücke. Wie ich wohl aussehe? Mit meinen plattgedrückten Haaren, den Strähnen, die auf der Stirn kleben und aus denen Wasser in die Augen tropft, dass ich ständig zwinkere. Was tue ich, wenn sie mein Erscheinungsbild allzu abstoßend finden und mich fortschicken?

Die Kellnerin kommt zurück und ihrem Lächeln sehe ich an, dass sie eine gute Nachricht zu überbringen hat. Beseelt vor Freude gehe ich hinaus zu meinem Fahrrad, um die Taschen zu holen. Eine Frau steht daneben und streichelt den nassen blauen Sattel. Ich sage ihr, dass es Lupina heiße.

Jedes Kleidungsstück ist feucht, jedes. Also habe ich nichts anzuziehen. Und mit *nichts* meine ich *nichts*.

Zuerst gieße ich das Wasser aus den Schuhen, zerknülle reichlich Zeitungspapier und stopfe es hinein. Danach dusche ich heiß, reibe mich kräftig mit einem der Frotteetücher ab, die im Bad bereit liegen, und das unbenutzte Badetuch wickele ich mir um den Leib.

Was sich im Rucksack befindet, ist trocken geblieben: die Zugfahrkarten, alle Unterlagen zum Schreiben meiner Reisegeschichte, meine kleine

Hermann-Hesse-Lektüre und das gesamte technische Equipment wie Telefon, Fotokamera, Ladegeräte und Luftpumpe.

Alles in den Satteltaschen Aufbewahrte ist nass, auch das für mich so wertvolle Kartenmaterial. Behutsam trenne ich die Papiere voneinander, breite alle dreißig auf dem Boden aus. Über der Stuhllehne baumeln Socken, überall steht oder hängt etwas herum.

Als ich dann noch die lehmige Hose von heute gewaschen und ausgedrückt habe, werfe ich das Badetuch von mir und kuschle mich so nackt, wie Gott mich schuf, ins Bett, ziehe die Decke hoch und warte auf die sich entfaltende Körperwärme.

‚So weit ist es mit dir gekommen‘, brummele ich in mein Kissen, ‚du bist eine Frau ohne Kleider.‘

Und darüber muss ich wohl eingeschlafen sein.

Als ich aufwache, fühle ich mich gut aufgewärmt.

Die Karten sind etwas getrocknet, dank vorsichtiger Behandlung unbeschädigt. Reihum befühle ich alle Kleidungsstücke, wähle die am wenigsten feuchten aus und ziehe sie an. Mit einem Handtuch bekleidet kann ich mich ja nicht an den gedeckten Tisch setzen.

Soll ich nach Lupina sehen? Das Fahrrad steht noch draußen an der rückwärtigen Hauswand - unabgeschlossen. Mir fällt ein, dass die Gastwirtin es in einen Wirtschaftsraum sperren wollte. Prima, ich muss also nicht noch mal hinaus.

Den Abend verbringe ich in der Gaststube. Solange ich auf das Essen warte, schreibe ich Tagebuch. Vier Stunden Radfahren im Regen - es gibt Schlimmeres, das man tun kann. Ich fühle mich gesund, stark und die klammen Stellen meiner Kleider trocknen auf der warmen Haut.

In Telfs bin ich noch nicht. Leider.

Zum ersten Mal habe ich ein gestecktes Tagesziel nicht erreicht. Dabei darf ich mich dankbar schätzen, überhaupt bis Hatting gekommen zu sein. Für Morgen kündigt der Wetterbericht die Rückkehr der Sonne an, was gut ist, mir aber keineswegs die Gewissheit gibt, die Fahrt bis Landeck an einem Tag zu schaffen. Ein Problem wäre das nicht, Zeit ist das letzte, was mir fehlt.

Man serviert mir Erdäpfelnocken mit frischen Pfifferlingen, bestreut mit Brunnenkresse. Es gibt Schlimmeres, das man essen kann.

Von Hatting nach Zams

Nach dem Frühstück pflücke ich mein Hab und Gut von Kleiderbügeln, Stuhllehnen, Bettpfosten, Türklinken, sammle die Karten vom Boden auf. Die gewaschene, noch feuchte Hose landet in einer Plastiktüte.

Das Zeitungspapier hat das Wasser aus den Stiefeln gut aufgesogen, doch, wie erwartet, sind sie keineswegs trocken. Ich löse das Problem, indem ich zwei Paare Socken anziehe, die die Feuchtigkeit vorerst von der Haut fernhalten und die ich später wechseln kann.

Eine Stunde dauert es, bis ich alles sortiert, gepackt, das Chaos beseitigt habe.

Ich spüre eine außerordentliche Energie in mir, eine Flamme, die jeden Morgen aufs Neue auflodert. Eigentlich hatte ich zum Rausch des Höhenflugs schon in Wasserburg abgehoben, aber nun kommt noch die wachsende Hoffnung hinzu, Maloja wirklich erreichen zu können. Ich fliege! Wie großartig das ist! Kein Gedanke an unfreiwillige Landungen und Blessuren, was hätte ich davon? Kratzerfreie Abenteuer gibt es ja eh nicht.

Lupina ist nicht da.

Im Wirtschaftsraum des Nachbargebäudes, wo das Rad stehen müsste, herrscht gähnende Leere - und prompt fühlen sich meine Knie wie Pudding an. In dem angrenzenden Raum das gleiche. In einem letzten Bemühen öffnet die Mitarbeiterin des Gasthofes noch eine dritte Tür und findet auch dort nichts. Nun entfernt sie sich, um nachzufragen, kehrt kopfschüttelnd zurück. Von allen sich im Dienst befindlichen Kollegen hat keiner das Fahrrad versorgt und keine Information über seinen Verbleib erhalten.

Was bleibt mir, sollte es wirklich weg sein? Ohne das Fahrrad ist das Unternehmen zum Scheitern verurteilt, mein Höhenflug wäre gestoppt, die harte Landung gewiss. Theoretisch könnte ich irgendwo ein Fahrrad leihen, aber dazu verspüre ich nicht die geringste Lust. Für einen Fußmarsch ist die restliche Strecke noch zu weit und der Rucksack zu klein. Wanderstöcke wollte ich mir eigentlich in St. Moritz kaufen, wenn abzusehen ist, ob ich die Bergwanderung zum Ursprung tatsächlich wagen kann.

Wie hoch ist die Wahrscheinlichkeit, dass Lupina gestohlen wurde, in dieser dörflichen Regennacht, aus einem verriegelten Haus? Geringer als gering. Vielleicht hat man das Fahrrad in der Hektik, die gestern Abend in der Gaststube herrschte, an einem unüblichen Ort geparkt. Oder gibt es noch eine andere Erklärung?

Aber ja! Ich schlage mir mit der flachen Hand vor die Stirn. Man hat es *gar nicht* untergestellt! Weil man es schlichtweg vergessen hat.

Es müsste also noch dort stehen, wo ich es zurückgelassen hatte, unabgeschlossen. Die Frage ist, ob dieser Leichtsinn nach Bestrafung ruft, oder ob es genügt, dass ich sehr, sehr reumütig bin. Jedenfalls klopft mein Herz heftig, als ich zur Rückseite des Hauses stürze. Lieber Gott, ich sehe ja meinen Fehler ein, aber bitte, bitte nimm mir mein Fahrrad nicht!

Da lehnt es an der Wand. Nassgeregnet und von allen Menschen verlassen. Es versteht sich von selbst, dass ich mich in aller Form bei Lupina entschuldige und mich beim lieben Gott bedanke.

So mache ich mich am Tag Zwölf, dem zweiten Montag meiner Reise, unter lockerer Bewölkung auf den Weg nach Landeck.

Ich folge strikt den Radwegweisern, die Karten benutzte ich so gut wie überhaupt nicht. Da ich die Schildchen problemlos finde, ist es so am unkompliziertesten und ich komme zügig voran, von Dorf zu Dorf, Städtchen zu Städtchen. Oberhofen, Pfaffenhofen, Rietz, Stams - immer fahre ich links des Inn.

Bei Mötz muss ich die Seite wechseln. Vorbei geht es an den Orten Silz und Haiming, bis mich der Wegweiser bei Roppen, am Ausgang des Ötztals, wo der Inn eine Schlucht durchfließt, erneut zurück zur linken Flussseite schickt. Bei Arzl, am Fuß des von Norden herantretenden Pitztals, ein nochmaliger Seitenwechsel, bis Mils und Imsterberg bleibe ich in Gesellschaft der Autobahn.

Währenddessen hat sich das Tal verengt, näher sind mir beidseits die Berge gerückt. Immer wieder ragt Fels neben mir auf, auch der Inn presst sich an schroffen Wänden entlang.

Der Weg bleibt gut zu fahren und mein Hollandrad wächst mir noch ein Stück mehr ans Herz. Stetig geht es aufwärts, nichts anderes habe ich erwartet. Dennoch ist Schieben selten nötig, da die Steigungen mild sind.

Irgendwann, irgendwo, treibt ein Schlauchboot mit zwölf Ruderern flussabwärts. Eine dreizehnte Person sitzt am Heck und dirigiert die anderen brüllend über die Stromschnellen und an Felsen vorbei. Das Boot schaukelt und trudelt, will ausbrechen, die Männer müssen permanent gegensteuern, die eigene Kraft gegen die reißende Gewalt des Flusses setzen.

Manchmal gibt es kleine, seichte Buchten - stille Nischen für mich allein. Dort schöpfe ich Wasser in meine hohlen Hände, lasse es durch die Finger rieseln, kühle Handgelenke und Gesicht. Oder ich setze mich auf einen Steinbrocken, sehe und höre dem Inn zu, der kein Strom mehr ist, sondern ein polternder, durch sein Steinbett springender Gebirgsfluss.

Einmal lasse ich mein Fahrrad an einem Drahtzaun zurück, balanciere über einen Haufen glattpolierter Steine zum Wasser hin. Von hier ist der Verlauf des Inn in beide Richtungen auf weite Entfernung erkennbar. Wäre ich ein Kind, würde ich mich den ganzen Tag lang an diesem Ort aufhalten wollen. Wasser, Steine, Sand, wildwachsendes Grün - einen solchen Spielplatz hätte ich geliebt!

Ruhrgebietskind

Blaue Stiefmütterchen und rosarote Löwenmäulchen - hatte meine Großmutter je andere Blumen in das Rondell ihres Schrebergartens gepflanzt?

Meine Heimat war aus Farben gemacht. Blutrot wie der Saft der Sauerkirschen, die uns der Baum im Garten meines Elternhauses gleich eimerweise schenkte. Bunt wie die Blütenblättchen, die wir uns mit Spucke auf die kleinen Fingernägel klebten - die wahren Erfinderinnen des andersfarbigen Nagellacks waren wir! Weiß wie die winterlichen Fensterscheiben, in deren bizarre Eisblumen wir mit warmem Atem Gucklöcher hauchten. Rabenschwarz wie der angelieferte Kohlehaufen am Straßenrand und so trist und grau, wie der Himmel an manchen Ferientagen war.

Meine Heimat war aus Klängen und Geräuschen gemacht. Ich höre noch das Rattern der Güterzüge und der Eisenräder meiner Rollschuhe, das Geschrei der Räuber- und Gendarmspiele. Ich höre mich weinen, wenn ich traurig war oder mich ver-

letzt hatte, höre das Schrillen des ersten Telefons,
das Surren seiner Wählscheibe, die Stimmen, die
mir wundersam durch die Kabel ins Ohr krochen.

Immer noch habe ich den Geschmack von Zimt-
pfannkuchen auf der Zunge und den der ekeligen
Haut, die sich auf heißer Milch gebildet hatte. Im-
mer noch weiß ich, wie bitter schlechte Schulno-
ten schmecken.

Heimat war mir die Zinkwanne in der Wohnkü-
che meiner Großeltern, das mollig-warme Bade-
wasser spüre ich so real wie das eisigkalte der
Sauerland-Talsperren. Ich rieche das geschnittene
Gras, mit dem wir uns bewarfen, die Walderde
und das Moos der Baumwurzelhäuschen, die ich
mit dem älteren meiner Brüder baute. Und wie
damals erstaunt mich der Anblick der Erbsenper-
lenkette, die ich in der Schote finde.

Mehr als ein halbes Jahrhundert ist verstrichen.
Wie damals sehe ich mein elf Jahre jüngeres Brü-
derchen lachen, spüre ich sein Gewicht auf mei-
nem Arm und die Hand des anderen Bruders, die
ich gedrückt hielt, bis wir eingeschlafen waren.

Zunächst geht es über eine Straße weiter. Dort
fällt mir auf, dass der Asphalt zwar unübersehbar
mit einem weißen Fahrradsymbol gekennzeichnet ist, dass die grünen Schilder aber nicht mehr
da sind. Ich traue dem Braten nicht, befrage einen Mann, der seine Mülltonne an den Straßen-

rand schiebt. Nach kurzem Nachdenken bestätigt er die Richtigkeit des Weges, für das Fehlen der Schilder hat er keine Erklärung. Ich solle nur weiterradeln, meint er, stets gehe es auf Landeck zu.

Bereits seit einer dreiviertel Stunde schiebe ich Lupina über die Straße den Berg hinauf. Sollte ich doch den Radweg verpasst und ein Schild übersehen haben?

Die Straße führt zu einem Steinbruch. Normalen PKW-Verkehr gibt es hier wohl nicht, nur Bagger und Kipplaster, die leer heranfahren und mit Kies und Bruchstein davon. An der Abtragungsstelle starren die glänzenden Eingeweide der Bergflanke, die die Sprengungen aufgerissen hat. Es sieht nicht schön aus, der Berg tut mir leid und ich will dieses Bild der Zerstörung schnell hinter mir lassen.

Wo sind die Biker? Alle schlauer als ich? Die, die ich seit Hatting gesehen habe, kann ich an beiden Händen abzählen und hier bin ich weit und breit die einzige.

Kein Schatten, nur kraftraubendes Schieben. Ich muss dringend mal, doch ein Dickicht, in dem ich unsichtbar wäre, ist nicht da, nur kerzengerade Kieferstämme mit Durchblick, und Böschungen, die entweder zu steil ansteigen oder zu steil abfallen. Vom Fluss habe ich mich, wie es scheint, weiter entfernt als nötig. Irgendwo dort unten strömt er nach Nordosten.

Auch das auf die Straße gemalte Fahrradsymbol taucht nicht mehr auf. Ich bleibe stehen, hole die Karte heraus, stecke sie aber wieder ein, weil es mir nicht gelingt, den Standort exakt zu bestimmen. Das ist der Preis dafür, dass ich zuletzt ausschließlich nach der Beschilderung gefahren bin, die Karte in der Tasche gelassen habe. Und ja, ja, ich bin mir bewusst, dass das Global-Positioning-System dieses Problem lösen könnte, würde ich es nicht so hartnäckig verweigern.

Hoffnungslos ist die Lage dennoch nicht. Ungefähr weiß ich ja, wohin es mich verschlagen hat, und bis Landeck dürften noch zwanzig Kilometer zu fahren sein. Mangels Alternativen ist es wohl ratsam, vorerst auf dieser Straße zu bleiben.

Und tatsächlich geht es nach zehn Minuten abwärts, ich darf mich wieder sitzend fortbewegen und stoße einen Jauchzer der Erleichterung aus. Nichts wie fort aus dieser unschönen Gegend!

Die Bergstraße trifft auf die Bundesstraße, daneben verläuft der Radweg, gekennzeichnet mit dem bekannten Schildchen. Es war mir tatsächlich entgangen und der Mann mit der Mülltonne hatte wohl eher die Perspektive des Autofahrers eingenommen.

Es ist schon drei Uhr vorbei, Landeck noch fern, und eigentlich habe ich genug für heute, der Abschnitt durch den Steinbruch hat mir mehr Kraft abverlangt als das lange Stück davor. Mit Gasthöfen sieht es allerdings nicht gut aus. Wenn das so bleibt, muss ich bis zu meinem anvisierten Ziel weiterfahren.

Jetzt, wo die Anhöhe zurückliegt und ich den Inn wiederhabe, fällt mir auf, wie schmal das Tal geworden ist. Dennoch muss sich der Radweg den Platz mit Bundesstraße, Autobahn, Bahnlinie und Fluss teilen, der ab hier zeitweilig Schluchten durchfließt, die mich auf diesen Abschnitten unvermeidbar von ihm trennen werden.

Links des Inn bleiben Schönwies und die den Ort umgebenden schönen Wiesen zurück. Verkehrswege und Fluss müssen sich nun auf zweihundertfünfzig Metern Breite aneinander quetschen.

Stündlich wird die Landschaft gebirgiger... Was steht mir noch bevor? Was werde ich schaffen, was nicht? Einzig der Wunsch und der Wille, dieses Abenteuer bis zum Ende zu erleben, sind gewiss, und daraus resultiert ein Entschluss: Sobald ich mein Flachlandfahrrad öfter schieben muss, als ich auf ihm fahren kann, werde ich es unterbringen und die Reise zu Fuß fortsetzen. Ab Landeck liegt ‚nur' noch ein Viertel der Strecke vor mir, grob geschätzte hundertdreißig Kilometer. Ich müsste mich halt bescheiden, mit dem Fassungsvermögen des Rucksacks auskommen oder zur Not einen größeren kaufen. Trotzdem hoffe ich, dass es noch lange so weitergeht, jede Stunde, die ich fahren kann, ist ein Gewinn für mich.

Seit Telfs kommt mir der Inn von Südwest entgegen. Linkerhand haben die Ausläufer der Ötztaler die Stubaier abgelöst, rechterhand erheben sich seit geraumer Zeit die Lechtaler Alpen, von denen ich mich ab Landeck abwenden werde. Die Nähe der Ötztaler wird mir bis zur Grenze erhalten bleiben. Ich bin nun von fast dreitausend Meter hohen Bergen umgeben.

In Zams, kurz vor Landeck, mache ich Schluss.

Es ist siebzehn Uhr, ein Radeltag von etwa fünfzig Kilometern Länge liegt hinter mir. Ich befinde mich nun auf einer Höhe von siebenhundertsiebzig Metern, gestartet bin ich bei dreihundert. De facto habe ich weit mehr als diese Differenz zurückgelegt, angesichts der Höhen, die ich erklommen und hinuntergefahren bin.

Über die Touristeninfo wird mir eine Privatpension vermittelt, in der es von präparierten Alpentieren wimmelt. Als ich mit der Wirtin die Stiege hinauf zu meinem Zimmer gehe, vorbei an Murmeltier, Steinbock, Gams, Biber, Marder, Adler…, denen man, so leblos und tot sie sind, durch die Präparation eine gewisse Würde verliehen hat, überrascht mich ein verstaubtes dunkles Bärenfell mit Kopf, das, alle Viere von sich gestreckt, jämmerlich an der Wand klebt wie ein von der

Fliegenklatsche erschlagenes Insekt. Wer ihn erlegt habe, möchte ich gerne wissen.

Ihr Mann, erklärt sie mir, habe alle Tiere erlegt, den Bären vor vierzig Jahren, diese Jagdtrophäe aus den Vereinigten Staaten sei sein ganzer Stolz.

Bei meinem Zimmer angekommen, übergibt sie mir die Schlüssel und lässt mich allein.

Nach dem Duschen mache ich mich auf ins Dorf, um ein Abendessen zu mir zu nehmen. Ich wähle ein alteingesessenes Wirtshaus, bestelle Kasknödel mit Röstzwiebeln - mit anderen Worten: Ich genehmige mir eine beachtliche Ration Fett.

Zum Nachtisch gibt es Magendrücken. Ich schlafe unruhig, träume Sonderbares... Da ist das Haus... der Treppenflur... alles ist still. Blass scheint das weiße Licht des abnehmenden Mondes herein... Die Tiere rühren sich, erwachen aus ihrer Totenstarre, fangen an, durch den Flur zu geistern... Der Adler breitet die Schwingen aus, fliegt..., der Bär verlässt die Wand, schüttelt sich, tapst körperlos die Treppe herauf, kratzt an meiner Tür.

Ich öffne, er torkelt herein. ‚Hast du Bauchkneifen?' fragt er. ‚Ja, und ich schlafe schlecht', sage ich. Darauf fängt er mit rauer Stimme zu erzählen an, von den Bergen Alaskas, erzählt und erzählt, bis der Morgen graut und alle Tiere zu ihren Plätzen zurückkehren, wo sie vorgeben, mausetot zu sein. Und ich? Bin endlich fest eingeschlafen.

Von Zams nach Pfunds

Mein Magen kneift nicht mehr, dafür ist mir jetzt übel. Ich trage mein Gepäck die Treppe hinunter, vorbei an dem Bären, der noch immer an seiner Wand klebt und dessen Glasaugen mir nachstarren - armer Kerl. Im Frühstücksraum mag ich nur Kaffee trinken, meine Wirtin ist so nett, eine belegte Semmel in Folie einzuwickeln.

Landeck! Nach nur zehn Minuten durchfahre ich den Ortskern. Es ist der dreizehnte Tag. Wochentag für Wochentag verstreicht, allein das Tagebuch erinnert mich daran, dass Dienstag ist.

Die Stadt liegt in einem Talkessel, in einer Krümmung des Inn, dem hier die gefällstarke Sanna zufließt, die ihren Anfang dort nimmt, wo zwei andere Flüsse sich vereinen: die Trisanna der Silvretta - die ihrerseits aus Zusammenflüssen entsteht -, die Rosanna des Verwalls. Fünfzehn größere Bäche und Achen fließen der Rosanna zu, der Trisanna sechs, dazu viele namenlose Wasserläufe, die sich über steile Gräben in sie ergießen. Über sperrige Felsriegel und Steinbrocken werfen sich die Flüsse in Brechern und Walzen talwärts, finden ihren Weg in die Sanna, bei Landeck in den Inn, bei Passau in die Donau.

Sanna, Trisanna, Rosanna - romantische Namen für wunderbar vernetzte Bergflüsse, die zur Sommerzeit fähig sind, nicht nur im eigenen, auch im

Einzugsgebiet des Inn Hochwasser zu bewirken. 2005 hatte die Trisanna ein Dorf im Paznaun bis zu drei Meter hoch überflutet und sich dabei mit einem neuen Bett mal eben um einen halben Kilometer verlängert. Brücken hatte das gefräßige Wasser eingerissen, ein Großteil der Silvretta-Hochalpenstraße zerstört, die einzige Zufahrt zu den Orten des Paznauns.

Die Erderwärmung schreitet voran und die Gefahrensituation in den Alpen wächst: Schuttströme, Felsstürze, Muren, Hochwasser, schmelzende Gletscher, Lawinen - gebirgstypische Vorgänge, die seit jeher die Alpenlandschaft prägen, die aber zunehmen und Mensch und Tier gefährden. Womit ich wieder bei dem Thema wäre, mit dem ich mich vor elf Tagen im Europareservat befasst hatte.

Dem Wasser ist es egal, wohin es fließt, es findet seinen Weg, wenn nicht heute, dann in tausend Jahren. Die Regenerationsfähigkeit der grünen Natur ist wohl grenzenlos, weil die Zeit auf ihrer Seite steht, und solange es Wasser, Mineralien, Sonnenlicht und Kohlenstoffdioxid gibt, wird sie wachsen und wachsen. Ich vermute, dass die Natur, wie sie es im Laufe der Evolution bewiesen hat, auch neue Tierarten hervorbringen wird - Nachfolger derer, die wir Zweibeiner ausgerottet haben oder werden. Der Homo sapiens rottet nämlich gerne aus. Die eigene Art übrigens auch.

Aber gut, den meisten von uns ist das alles sicherlich nicht egal und wir wissen, dass wir nur kurzzeitige Gäste auf Erden sind. Wir lieben diese Erde, ihre Natur, die uns nährt und so wunderbare Heilkräfte für Körper, Seele und Geist schenkt. Darum bitte ich um Nachsicht, falls ich mich wiederhole: Der Mensch wird eine Menge dafür tun müssen, die Kontrolle über seine eigenen Schöpfungen zu erlangen, und wird gleichzeitig lernen müssen, mit der einen großen Schöpfung in Einklang und Frieden zu leben.

Die Schweiz rückt näher. Der Inn hat sich stetig verjüngt und ist nun ein jugendlicher Fluss, keine fünfzig Meter mehr breit.

Trotz der Übelkeit fühle ich mich fit genug für den weiteren Weg.

Wieder frage ich mich, wie lange Lupina noch bei mir bleiben kann. Das große, schwere Fahrrad ist wie ein Kaltblutpferd mit vielen Eigenschaften eines solchen. Längst habe ich gelernt, mit ihm umzugehen, der Gedanke, es zurückzulassen, tut weh. Dass ich so weit gekommen bin, habe ich ihm zu verdanken.

Was erwartet mich heute? Wie steil wird das Gelände sein?

Der Name des Talabschnitts, der zu durchfahren oder zu durchlaufen ist, flößt Respekt ein: Oberes Gericht. Er erinnert an eine Zeit, als die Hochgerichte, im Gegensatz zu den Niedergerichten, sogenannte Blutstrafen verhängen durften.

Das Obere Gericht ist der oberste Abschnitt des Oberinntals und an seinem Ende soll mich mein Weg über den Finstermünz-Pass in die Schweiz führen. Morgen oder Übermorgen wird es soweit sein, eine genaue Prognose wage ich nicht. Noch nicht.

Schnell Äpfel und Birnen beim Obsthändler gekauft - dann verlasse ich die Stadt nach Süden, hinein ins Obere Gericht.

Welch ein Genuss! Der Weg schlängelt sich durch Blumenwiesen, mal eben, meistens bergauf, mit erfrischendem Gegenwind auch über kurze Passagen bergab. Vor den Auffahrten gebe ich Gas, nutze den Schub, bevor ich in den ersten Gang schalte. Viele der Steigungen hätte ich vor zehn Tagen nicht fahrend geschafft.

Zunächst verläuft der Radweg rechts des Inn, kurz vor dem Ort Fließ wechselt er die Seite, ist nun Teil der Bundesstraße. Hinter Fließ wendet sich der Fluss mit einer Kurve direkt nach Süden. Erneut ein Seitenwechsel, die Straße bleibt, wo sie ist, links des Inn. Nach vorn sieht er jünger und jünger aus, Bach für Bach fließt ihm zu.

Wald!

Tannenduft und dunkle, weiche Humuserde, die unter den Reifen federt. Vereinzelt eine menschliche Begegnung, Lupina rollt und denkt nicht ans Aufhören. Ich bin froh über jede Minute, die das Fahrrad mein Gefährte bleibt.

Auf einmal führt der Fluss nur noch wenig Wasser, sein steiniges Bett liegt teilweise bloß. Dann eine Wehranlage, die das Wasser zurückhält; es staut sich hinter der Mauer weit oberhalb des Flussbettes und wartet darauf, voranpreschen zu dürfen. Derweil strömt von Süden unaufhörlich neues nach und drängelt. David bändigt Goliath.

In der Gemeinde Prutz schickt mich der Wegweiser wieder zur linken Seite. Dort entdecke ich einen jungen Mann, der einen großen Korb mit Broten aus einem Lieferauto hebt und einer älteren Dame übergibt. Als Einheimische könnten sie die richtigen für die Beantwortung meiner Frage sein.

Ich bitte die Störung zu entschuldigen und deute nach Osten, wo sich hinter hauchfeinem Dunst ein schneebedecktes Bergmassiv zeigt. Unnahbar und reglos steht es da, die mächtigen Häupter im offenen Himmel und doch unverrückbar mit der Erde verbunden. Ehrfurchtgebietende Göttersitze. Ich verstehe, weshalb vielen Kulturen Berge heilig und anbetungswürdig sind.

Ob das Massiv dort zu den Ötztaler Alpen gehöre, frage ich. Im weiten Sinne ja, erklärt man mir, im engen Sinne gehöre es zum Kaunertal, einem Seitental der Ötztaler, das sich von Norden nach

Süden erstreckt. Die große weiße Fläche sei der Weißseeferner, auch unter dem Namen Kaunergletscher bekannt.

Die Dame stellt sich als Großmutter des jungen Mannes vor. Wir sehen beide zu, wie ihr Enkel in die Hosentasche greift und sein Telefon herauszieht, es aufklappt und nach irgendwelchen Fotos oder Videos zu suchen beginnt. Schließlich dreht er das Handy um und hält es mir hin.

Es sind Luftaufnahmen einer Berglandschaft, in etwa aus der Zugvogelperspektive. Schneegipfel und Eis neben dunklem Fels und noch dunklerem Wald über grünen Einschnitten - das Kaunertal. Mittendrin die Weißseespitze und ihre Firnwand, die zum Gletscher hin abbricht. Der junge Mann hat die Bilder selbst gemacht, außer Bäcker und Lieferant ist er auch Alpenpilot.

Für den Moment hat der vielseitige junge Mann seine Brote vergessen, ihr Duft umweht uns verführerisch. Er hält das Telefon in der Hand und starrt noch auf das Display. Sein Körper hat eine angespannte Haltung angenommen, die Augen funkeln, als er aufsieht und sagt: „Wenn ich fliege, diese Landschaft unter mir dahingleiten sehe, bin ich sehr glücklich... und dankbar, dass ich das tun darf."

Ich kaufe ihm jedes Wort ab, fühle mich in diesem Punkt seelenverwandt mit ihm. Seine Cessna ist gewissermaßen eine Lupina der Lüfte.

Während wir uns unterhalten, steht seine Großmutter aufmerksam zuhörend daneben. Ab und
zu nickt sie und lächelt. Sie weiß um sein Glück.

Die Oma-Identität

*‚Großeltern kennen die heimlichen Wünsche und
Sehnsüchte ihrer Enkel oftmals besser als deren
Eltern‘, schrieb ich in meiner Examensarbeit, die
das Thema Großeltern-Enkel-Beziehungen behan-
delte. Zu dieser Zeit, 1974, war ich einundzwan-
zig Jahre alt und Enkelin zweier Großmütter.*

*Dreiunddreißig Jahre später ist ein Baby unter-
wegs, mein erstes Enkelkind.*

*Ich gestehe, dass mich mein künftiger Titel ver-
wirrte, nahm ich doch an, das Omawerden habe
noch Zeit. Nun hatten mich die Kinder ins kalte
Wasser gestürzt, wo ich mich doch viel lieber peu
à peu mental auf die neue Rolle vorbereitet hätte. Gib es zu, schimpfte ich später mit mir selbst,
du bist eitel, andere Frauen wären hocherfreut,
oder etwa nicht? Dir dagegen fällt nicht mehr dazu ein als Strickstrumpf und Nickerchen im Fern-
sehsessel. Lächerlich.*

*Ich behielt diese Gefühle für mich. Während sich
die Mutter-Identität in der Schwangerschaft einfach so ergeben hatte, musste ich meine Oma-
Identität erst mal finden.*

Doch wo sollte ich suchen?

Man ahnt es schon: Ich musste nicht suchen. Sie entwickelte sich bei allen Enkeln von selbst - wenn ich in ihre Gesichter sah, ihre Stimmen hörte, beobachtete, wie sie ihre Welt eroberten, sich auf meinen Schoß setzten, mir ihre gemalten Bilder schenkten, wenn sie ihre klaren Kindertränen weinten und, bevor sie getrocknet waren, wieder lachten und über mein Bett sprangen. Mein Herz flog diesen kleinen neuen Menschen zu.

Doch wer liebt, kennt auch Angst und Sorge. Ich habe noch einmal nachgelesen, was ich in meiner Examensarbeit schrieb und heute wirklich verstehe. Darin offenbarte eine Großmutter, ihre Enkel zwar ‚sehr gern zu haben, aber leider furchtbar ängstlich mit ihnen zu sein'. Der Gedanke, ihnen könne etwas zustoßen, ‚sei ihr unerträglich'.

Mir ergeht es ähnlich. Sobald ich allein mit dem jungen Gemüse bin, ist von der Unbefangenheit, die ich mal als Mutter hatte, nicht viel da. Überall sehe ich meine kleinen Schutzbefohlenen fallen, sich überschlagen, ersticken und verschwinden - und ihre Eltern, also meine Kinder, sehe ich weinen und leiden. Dazu ein Beispiel: Ich hatte den Babysitter-Dienst für zwei meiner Enkel übernommen und spielte mit ihnen in der Wohnung Verstecken, was eigentlich ein risikoarmes Spiel ist. Soweit war auch alles gut, bis ich suchen musste. Das erste Kind hatte ich rasch entdeckt, das zweite nicht. Irgendwann fing ich zu rufen an. Keine

Antwort. Ich rief noch einmal und noch einmal, drehte alles um, lugte in jede Ecke - kein Ton von der Kleinen. Angst stieg in mir hoch.

Ich trat auf den Balkon, beugte mich über das Geländer, prüfte die Wohnungstür, klappte sogar den Backofen auf. Es war zum Verrücktwerden und völlig absurd. War das Kind bewusstlos? Hat es nicht schon Fälle von Kindesentführung gegeben, während die Eltern in der Küche saßen?

Da endlich kam die kleine Peinigerin aus einer Ecke gekrochen, wo ich schon fünfmal nachgesehen hatte. Wie ein Engelchen stand sie vor mir, lächelte und blickte ziemlich schuldbewusst drein. Heute ruft sie übrigens schon ‚Piep', wenn ich gerade zu suchen angefangen habe.

So schissbuxig ich als Oma war und bin, so gern möchte ich den Kleinen vermitteln, wie spannend die Welt ist, wie empfindlich und stark, wie schützenswert. Ich möchte eine Oma sein, deren eigenes Leben zeigt, dass Langeweile uncool ist und dass Begeisterung Flügel verleiht. Ich möchte sie ermutigen, die eigenen Fähigkeiten aufzuspüren, weil ich davon überzeugt bin, dass jeder, wirklich jeder Mensch irgendetwas besonders gut kann.

Ich radele im tiefsten Tal, unterhalb der Sonnenhänge. Der Weg führt mich durch kühle Wälder und blumengeschmückte Dörfer, vorbei an malerischen Bruchsteinmauern, die in Kräuterwiesen stehen. Überwiegend fahrend kann ich mich weiter hinauf arbeiten, mittlerweile bis auf tausend Höhenmeter. Achthundert sind es noch bis zum Malojapass.

Auch heute keine Heerscharen von Bikern.

Nachdem sich das Inntal mit dem Landecker Becken weit geöffnet hatte, verengt es sich wieder zusehends. Linkerhand bleibt Ried zurück, ein weiterer unbeachteter Ort, der sehenswert wäre. Neben mir zweigt ein Weg ab und steigt steil hinauf zum Dorf Fiss auf über tausendvierhundert Metern.

Was ist heute los? Ein kaum wahrnehmbares Vibrieren strömt mir permanent durch den Körper. Diesen Erregungszustand, in den ich mehr und mehr verfalle, habe ich so nicht kommen sehen und er ist mir nicht geheuer. Seit heute Morgen verspüre ich keinen Appetit. Ist mir diese anhaltende Erwartung auf den Magen geschlagen oder hängen mir tatsächlich noch die fettigen Knödel von Zams nach? Sollte ich mir Sorgen machen? Nein, es wird schon alles in Ordnung sein, ich stehe ganz einfach unter Strom, das ist alles.

So richte ich weiterhin alle meine Sinne auf den Weg und natürlich auf den Fluss, der sich verjüngt und verjüngt. Zweimal muss ich entlang der belebten Straße fahren, die die Bezirksstadt Landeck mit dem Schweizer Engadin verbindet, und über eine von ihr abzweigenden Passstraße auch mit dem Vintschgau Südtirols.

Pfunds! Die Augen werden mir feucht vor Glücksseligkeit. Was ich nur zu hoffen wagte, ist geschafft: Ich habe den letzten Ort vor der Grenze erreicht und natürlich möchte ich hier bleiben. Der Finstermünz-Pass ist nun noch knapp sechs Kilometer in der Luftlinie entfernt. Auch danach wird es auf langer Strecke kein Dorf mehr geben, jedenfalls keines am Wegrand. Wo also werde ich morgen schlafen? Ich habe keine Ahnung. Es fühlt sich an, als führe ich ans Ende der Welt, wo niemand mehr wohnt.

In Pfunds gibt es reichlich Auswahl an Schlafmöglichkeiten. Ich mache es mir einfach, bleibe gleich beim ersten Gastgeber: im schönen Posthotel mit seiner warmen Atmosphäre. Hier wird Lupina die Nacht im Fahrradkeller verbringen.

Gegen Abend hat sich der Himmel bewölkt und beim Essen auf der Terrasse kommt dann von einem Moment auf den anderen ein Wind auf, der sich zur Sturmbö steigert und alles Leichtgewichtige von den Tischen fegt. Dann setzt ein heftiger Regen ein, schräg peitscht ihn der Wind unter die Sonnenschirme, alle Gäste springen auf, flüchten mit Tellern und Gläsern ins Haus. Derweil rennt das Bedienungspersonal, räumt ab und sammelt ein, was greifbar ist, klappt die Schirme zu, an denen der Wind rüttelt, als wolle er sie aus den Halterungen reißen.

Ich nehme es gelassen. Auf keinen Fall will ich diese Demonstration naturgewaltiger Macht als Drohgebärde, als negatives Vorzeichen betrachten. Was mich morgen auch erwartet, ich werde mich allem stellen.

Doch zum ersten Mal auf dieser Reise brauche ich wirklich Mut.

Von Pfunds nach Scouls

Immer wieder denke ich an meine Mutter, an ihre Augen, die mir in jener Nacht ins Herz geblickt hatten. Sie ist bei mir, jede Stunde, jede Minute. Und sie kennt meine Sehnsucht, hatte sie wohl schon zu Lebzeiten besser verstanden, als ich geglaubt hatte, und noch mehr, als sie in den letzten Jahren ihres Lebens die verführerischen und Sehnsucht weckenden Gärten ihrer Bücher entdeckt hatte.

Mittwoch, der vierzehnte Tag.

Ein letzter Blick in die nächste Teilkarte. Bis zur Kajetansbrücke, über die es hinauf zum Reschenpass geht, gibt es einen Radweg, den ich in vollen Zügen genießen will. Danach bleibt mir bis Martina, dem Schweizer Grenzdorf, nur die Straße. Und danach? Ich weiß es nicht. Fest steht, dass heute die Zeit der leicht zu radelnden Flusswege endet, und spätestens in Martina muss ich Entscheidungen zum Fortgang der Reise fällen, die ich bisher gescheut hatte.

Keine Wegschilder. Ich bin nicht überrascht und frage einfach eine Passantin. Dann geht es etwas oberhalb des Inn durch saftige Wiesen, in denen noch der Regen des abendlichen Unwetters glitzert, immer weiter zwischen die hohen Berge. Ab und zu muss ich schieben.

Wieder hinab zum Inn, der mir, lehmig nach Regen und Sturm, entgegen poltert. Laub, Zweige und ganze Äste reiten auf den Wellen, wirbeln und schleudern herum, wenn sich der jugendliche Fluss lautstark in die Kurven wirft, über Felsbrocken bricht. Arglose Bächlein plätschern fröhlich auf ihn zu und werden sofort mitgerissen.

Erneut driftet der Weg ab und ich entferne mich vom Inn.

Ich kann nicht mehr nachvollziehen, wo genau, aber irgendwann gelange ich in eine verträumte Siedlung. Engadiner Baustil - die Schweiz ist nah! In einem Garten sitzen Kinder und Erwachsene um ein derbes Holztischungetüm, an dem wohl schon Familiengenerationen vor ihnen gesessen haben mochten. Ich grüße freundlich, fahre vorbei, spüre, wie sie mir nachblicken.

Jemand ruft.

Im selben Moment bleibe ich stehen, begreife sofort, wovor sie mich warnen wollen: Der Weg ist gesperrt. Mein schöner, einziger Radelweg.

Obwohl ich ahne, was auf mich zukommt, will ich es mir nicht eingestehen, was aber nichts an der Tatsache ändert, dass es von nun an allein die verkehrsreiche Straße für mich gibt, es sei denn, ich wolle mit einem Gleitschirm fliegen. So starre ich noch eine Weile das Flatterband der Sperrung an, als könne ich das Hindernis forthypnotisieren, dann drehe ich Lupina um und schiebe das Rad langsam zurück.

„Eine Mure hat den Weg zugeschüttet, da geht es nicht weiter", erklärt eine Frau im bündnerromanischen Dialekt, „seit letzten Monat ist er gesperrt, keiner bringt's in Ordnung."

„Und nun? Gibt es noch einen anderen Weg?" frage ich in der Hoffnung, sie könne einen Geheimtipp aus dem Hut zaubern.

„Leider nicht, sie müssen zur Straße zurück", sagt sie und zuckt bedauernd die Schultern.

„Okay, danke, was will ich machen? Dann muss es eben so sein, leider früher als gedacht."

Und meine Odyssee beginnt, der Tanz mit der Straße.

Kein Weg, kein Streifen für Radfahrer. Alles, was auf mehr als zwei Rädern fährt, rauscht und donnert an mir vorbei.

Die Kajetansbrücke, wo sich der Abzweig nach Nauders und zum Reschenpass befindet, liegt bereits zurück. An dieser Stelle hatte ich Gruppen von Bikern gesehen, die sich zum Reschen hin aufmachten. Dort oben nimmt die Etsch, zweitgrößter Fluss Italiens, seinen Anfang, entwässert das Gebirge nach Süden ins Mittelmeer. Die nach Norden fließenden Wasser nimmt der Inn auf.

Der Moment ist gekommen: Bis auf Weiteres trennt sich mein Weg vom Fluss. Beidseitig von

Fels begrenzt, kommen ihm nur Kajakfahrer nahe. Einst hatte er die Felsen durchbrochen, die Finstermünz-Schlucht geschaffen.

Während ich weiterhin rechtsseitig fahre, steigt gegenüber und parallel die ehemalige Obere Römerstraße Claudia-Augusta zum Reschen an. Die Untere Römerstraße hatte über den etwas tiefer gelegenen Brennerpass geführt, der, siebzig Kilometer östlich von hier, Verona mit Innsbruck verband. Dieser Routenverlauf ist auch heute noch der Haupttransitweg über die Alpen.

Das erste Teilstück der in Fels gehauenen Oberen Römerstraße ist von Tunneln und Galerien geprägt. An der abfallenden Wand zieht es sich hinauf zur Straßensperre von Hochfinstermünz, die damals das Inntal vor Einfällen feindlicher Truppen schützte - ein sagenumwobener Ort.

Man erzählt, vor langer Zeit habe hier mal ein Wirtshaus gestanden. Die Reisenden, die über den Pass von Landeck nach Meran und umgekehrt unterwegs waren, wollten beherbergt und verköstigt sein. Es geschah, dass einige von ihnen auf rätselhafte Art verschwanden und nicht wieder auftauchten. So blieb es, bis der Gastwirt während eines harten Winters seine Kinder zu einem Vetter nach Nauders schickte, von wo sie gefahrloser zur Schule gehen konnten. Wie nun das jüngste Kind dem Vetter beim Schlachten eines Kalbes zusieht, ruft es: ‚Grad so macht es der Vater mit den reichen Leuten, die bei uns übernachten!'

So hatte der arglose Kindermund die Wahrheit ausgeplaudert. Die Gräueltaten flogen auf, das Mördernest wurde ausgehoben. Der Fall landete vor dem Oberen Gericht und dieses übergab den Wirt und seine Helfer dem Henker. Nachdem man in den Kellern des Wirtshauses die Gebeine der Toten gefunden hatte, wurde es abgerissen. Noch lange danach sollen des Nachts gespenstische Lichter diesen Ort erhellt haben.

Ich hoffe, dass der Finstermünz-Pass nicht auch meine Gebeine fordert und hernach ein Licht anzündet. Autos sind ja, wie man seit ihrer Erfindung weiß, potentielle Todschlagwerkzeuge.

Am Grunde der Schlucht verbirgt sich der Finstermünz-Engpass mit einer alten Holzbrücke und einem steinernen, vom Inn umspülten Turm - die damalige Zollstätte, die im achtzehnten Jahrhundert außer Betrieb genommen und nach Martina verlegt wurde. Der Begriff ‚Finstermünz' ist keltoromanischen Ursprungs und hat seine sprachlichen Wurzeln im Vintschgau.

Gern würde ich den uralten Zollturm dort unten besuchen! Zu Fuß wäre es machbar, über einen Pfad, hinunter in die Schlucht, und, sofern mir daran liegt, über die Brücke auf der anderen Seite des Inn zur Festungsanlage wieder hinauf. Solcherart Wanderausflüge kann ich mir aber nicht leisten, weil ich nach wie vor keine Ahnung habe, wo ich übernachten werde und wann. Womöglich zählt bereits jede halbe Stunde...

So rolle ich an dieser historischen Stätte vorbei.

Die Bergflanken sind zusammengerückt, rechts und links ragen steil ihre Felswände auf. Das Idyll des Tales habe ich verlassen, die Landschaft wird dunkler, schroffer, imposanter.

Dann ein Tunnel. Nach links ist er offen. Rechts zieht die glatte Betonwand so nah an mir vorbei, dass ich sie anfassen könnte, streckte ich den Arm aus. Es folgt ein zweiter, dreimal so langer Tunnel. Unablässig werde ich überholt, gut, dass die Vorder- und Rückleuchten des Fahrrads neu und hell sind. Alle Autos halten genug Abstand, trotzdem muss ich aufpassen, dass ich sauber in der Spur bleibe. Nerven wie Drahtseile sind hier gefragt.

Den Anstieg kann ich noch fahrend bewältigen, dabei beschleicht mich ein merkwürdiges Gefühl.

Seit ich im Umfeld der Schlucht fahre, kommt es mir vor, als bewegte ich mich in einer Zwischenwelt. Die eine ist die alte Welt der Berge, des tosenden Flusses in seiner Klamm, der Geschichten erzählenden Finstermünz-Brücke. Die andere ist die moderne Welt, mit ihrem Motorenlärm, den ihr eigenen Gefahren und Bedrohlichkeiten, und es fühlt sich an, als habe sie eine Zeitmaschine hierher gebeamt, und mich dazu. Als Hollandrad-fahrerin sind auch jetzt die Antennen weit ausge-fahren, ich sehe, höre, bestaune - genießen kann ich nicht. Wenigstens lenkt mich die Fülle der Eindrücke von meinen Quartiersorgen ab.

Von vorn naht ein Trupp Rennräder, dahinter ei-ne Schlange von Autos. Ob Rennrad, Hollandrad, Bus, Betonmischer… - so verschieden die Fahr-zeuge sind, haben hier alle ihre Daseinsberechti-gung und müssen fortlaufend kooperieren.

Aber es nahen neue Zeiten. Ein Radweg befin-det sich in der Entstehung. Da keine Fläche vor-handen ist, wird die Straße mit hohem bautech-nischem Aufwand zur Schlucht hin erweitert, so dass bei Fertigstellung der in der Straße veran-kerte Weg regelrecht über der Schlucht schwe-ben wird. Die Balkenkonstruktion steht bereits. Von dort können sich später die Radfahrer am Blick in die Schluchttiefe erfreuen, vielleicht so-gar während des Fahrens. Gern würde ich das an Ort und Stelle ausprobieren, aber hier die Stra-ßenseite zu wechseln wäre äußerst riskant, und Platz für einen Ausguck entdecke ich hinter den Leitplanken sowieso nicht.

Martina. Willkommen in Graubünden!

Ich habe das Grenzdorf erreicht und bin nun im Engiadina Bassa, im ‚Garten des Inn‘, im Engadin.

Hier trägt der Fluss seinen rätoromanischen Geburtsnamen - En -, und hier befindet sich, nicht weit entfernt, ein Dreiländereck, wo das österreichische Bundesland Tirol, die italienische Provinz Südtirol und der Schweizer Kanton Graubünden aufeinandertreffen.

An der Grenzstation von Martina raste ich, trinke, esse und kaufe noch eine Tafel Schokolade, von der ich heißhungrig einen Teil verschlinge.

Wie soll es weitergehen?

Ich nehme die Unterengadin-Karten zur Hand, zum x-ten Male. Wann immer ich nach Wegvarianten gesucht hatte, erst gestern noch in Pfunds, kam ich zum gleichen Ergebnis: Ich werde auf der Straße bleiben *müssen*.

Gut, ich könnte schon bald bei der Kirche San Niclà auf die linke Seite des Inn - pardon: En - wechseln, dort ginge es ruhig und in schöner Gegend weiter, aber auf verschlungenem Weg und in ständigem Auf und Ab. Ich müsste oft laufen, käme sehr langsam voran. Selbst, wenn ich das in Kauf nähme, träfe ich auf keinen Ort, infolgedessen auch auf kein Hotel. Sollte mich meine Kraft verlassen, müsste ich bis zur nächsten Brücke fahren, den Fluss überqueren und reumütig zur Straße zurückkehren, die ich so gerne los sein würde. Eine Garantie auf ein Bett hätte ich dort zwar auch nicht, aber zumindest die Aussicht, eines zu finden, nämlich in Ramosch.

Den Ort Sent, an dem ich ebenfalls vorbeikäme, müsste ich ausklammern, da er hoch oben auf dieser bildschönen Bergterrasse liegt, für die das hiesige Inntal berühmt ist.

Immerhin könnte ich von Ramosch, bis dahin grob geschätzte zwei Stunden Fahrtzeit, dem En unkompliziert zur Seite zu rücken, um, am Fluss entlang, bis vor die Füße des Städtchens Scouls zu gelangen, wo ich mit an Sicherheit grenzender Wahrscheinlichkeit ein Hotel oder ähnliches finden würde. Von Ramosch bis dorthin zwei weitere Stunden, was, eine Pause eingerechnet, eine Gesamtzeit von etwa fünf Stunden ergäbe - ohne Gewähr natürlich.

Jetzt ist es dreizehn Uhr... Hilfe! Auf was habe ich mich hier nur eingelassen? Kein Wunder, dass das Unwohlsein im Magen bleibt. Hastig wickle ich erneut die Schokolade aus und stopfe noch ein ordentliches Stück in den Mund. Meine Psyche braucht Kohlehydrate.

Ich muss eine Entscheidung treffen. Soll ich mit dem Bus zurück nach Landeck fahren? Niemals! Oder in die andere Richtung, nach Scouls? Niemals! Ich werde radeln, laufen, schieben - was immer nötig ist. Kneifen gibt's nicht.

Und so rapple ich mich auf und fahre entschlossen los.

Die Straße und ich, zusammengekettet wie siamesische Zwillinge. Die Autos und ich... müssen uns verstehen, obwohl wir uns nicht mögen. Wo eben möglich, halte ich mich weit rechts. Zum Lohn lassen sie mich leben, keines fährt zu dicht oder zu schnell vorbei, der Gegenverkehr wird abgewartet. Meine akustische Wahrnehmung ist mittlerweile so weit trainiert, dass ich, ohne mich umzusehen, weiß, welche Fahrzeugart hinter mir her schleicht. Überholt man mich, ernte ich weder Stinkefinger noch böse Blicke, die heimischen Pendler kennen das Problem des fehlenden Radwegs. Auffällig ist aber, dass mich auch hier kein Fahrrad überholt, alle kommen mir entgegen.

Ramosch liegt höher als Martina, etwa zweihundert Meter. Längst geht es stärker bergan, fahren ist meistens unmöglich. Mehr Platz beansprucht das Zufußgehen nicht, eher weniger. So weit, wie ich rechts *gehe*, kann ich nicht radeln, ein Verreißen des Lenkers ist ausgeschlossen. Insofern fühle ich mich beim Laufen wohler, auch weil Lupina zwischen mir und dem Straßenverkehr die Funktion eines Sicherheitspuffers hat.

Manchmal darf ich aufsitzen und bergab rollen. Dann weiß ich, dass ich den Preis für diese Annehmlichkeit werde zahlen müssen, weil ich das, was ich hinunter fahre, später hinauf zu laufen habe, was wirklich bitter ist. Übrigens: Erwähnte ich schon, dass es heute heiß ist? Noch steht die

Sonne hoch und brennt direkt auf mich herab, aber bald wird sie sich nach Westen hin absenken, dann werde ich von den Schatten spendenden Felswänden neben mir profitieren.

Eine Parkbucht! Die erste und vielleicht einzige Chance, den Fluss in seiner Schlucht zu sehen.

Ich bleibe stehen, um eine Lücke im fließenden Verkehr abzuwarten, presse mich dabei so nah an den rauen Felsen neben mir, dass ich mit dem nackten Arm dagegen stoße und die Haut aufschürfe. Es blutet, aber hier ist nicht der richtige Ort, die Wunde zu verarzten. Stattdessen stelle ich das Fahrrad sicher ab, warte auf die passende Gelegenheit und gehe rasch hinüber auf die andere Straßenseite.

Der Hang zur Schlucht hinunter ist so stark von Buschwerk und Bäumen bewachsen, dass ich den En nicht sehen kann... wie schade. Blende ich den Verkehrslärm aus, höre ich ihn in der Tiefe rauschen.

Gerade will ich zum Fahrrad zurück, als mir eine Mülltonne auffällt. Sie hat einen Sicherheitsverschluss und trägt den Aufdruck: ‚Bären verdienen Respekt statt Abfall'.

Nun, mir ist bekannt, dass dem, in Westeuropa ausgerotteten, Braunbären Lebensräume zurückgegeben werden, dass er aber auch im Engadin Heimat bezieht, habe ich bis dato nicht gewusst, weshalb mich die bärensichere Mülltonne in Erstaunen versetzt. In der Adamello-Brenta-Gruppe des Trentino hatte man schon vor Jahren Bären ausgewildert. Kann es sein, dass man hier mit ihrer Einwanderung rechnet?

Ich sehe mich um. Am Ende der Parkbucht steht eine Frau neben ihrem Auto und ist mit ihrem Handy beschäftigt. Ich warte, bis sie damit fertig ist, eile hinüber und spreche sie an.

Sie lebt im Engadin und ist zur Bärenfrage ausgesprochen gut informiert. Das Thema wird, wie in Italien auch, in der Öffentlichkeit diskutiert.

Mit meiner Vermutung lag ich richtig. Man geht davon aus, dass Bären über bestimmte Korridore irgendwann in Graubünden eintreffen, wo es Gebiete mit allen Voraussetzungen gibt, die ein Bärenleben in Freiheit verlangt. Das wäre zum Beispiel das Fernbleiben zu vieler Freizeitmenschen, wie auch die Abwesenheit von Städten und Straßen, obwohl die Tiere anderorts gezeigt haben, dass eine Autobahn kein unüberwindliches Hinderniss darstellt. Sie brauchen Platz zum Herumstreifen, ein sesshaftes weibliches Tier immerhin fünfzig Quadratkilometer. Auf Herdenschutz ist man seit Rückkehr des Wolfes eingerichtet, dennoch müssen Bären fern dichter Schafhaltung angesiedelt sein. Unter Berücksichtigung all dieser Faktoren kann der Schweizer Nationalpark vierzig Sohlengängern Lebensräume bieten.

Man ist also empfangsbereit. Im Trentino haben sich Bären auf den langen Bergweg gemacht und noch heute darf der erste im Engadin eintreffen.

Mein geliebter Fluss ist wieder da!
Er hat seine Schlucht verlassen. Nein, richtig ist, dass er kurz davorsteht, in sie einzutreten. Besonders dann, wenn ich ihn nur von Weitem sehe, vergesse ich oft seine Fließrichtung.

Rechts von mir steht noch Fels, linkerhand sind die Wände zurückgewichen, haben lieblichen Talwiesen Platz gemacht, durch die sich frisch und jung der En windet.

Ramosch. Die Straße führt am Südrand des Ortes vorbei. Hier bietet sich eine Gelegenheit, die Autopiste zu verlassen, hinab zur linken En-Seite. Bis zur Ortschaft Sur En wäre es nicht weit, von dort ginge es am kurvigen Fluss entlang Richtung Scouls. Dann allerdings müsste ich mein Rad auf kurzer Distanz mehr als siebzig Höhenmeter zum Ort hinauf schieben, der der größte im Unterengadin ist und jede Menge Fremdenzimmer hat.

Bliebe ich in Ramosch, vorausgesetzt, ich fände ein Quartier, müsste ich morgen von Scouls aus Ardez ansteuern, definitiv auf der Straße, einen Radweg hat sie nicht. Der Weg linkerhand des En enthält viel zu viele Steigungen, so dass ich ständig laufen müsste.

Ich habe mir einen ruhigen Platz abseits der Straße gesucht, studiere die Karten, wäge ab, versuche, zu einer Entscheidung zu kommen. Der Gedanke, heute noch Scouls zu erreichen, hat etwas Beruhigendes. Schaffe ich das? Soll ich den schönen Radweg am En nehmen und mich auf den letzten Anstieg des Tages nach Scouls hinauf einlassen?

Es geht auf sechzehn Uhr zu, seit neun bin ich unterwegs. Habe ich noch genug Zeit und Kraft für dieses Risiko? Wann kommt der Punkt, wo meine Energie zusammenfällt wie ein Ballon, in den man eine Nadel sticht? Was ist, wenn dies unten am En passiert, wo weit und breit kein Hotel greifbar ist? Gut, in Sur En gibt es welche, aber nicht viele. Was mache ich, wenn kein Bett frei ist? Wie lange brauche ich für den En-Radweg mit seinem Auf und Ab und seinen Kurven? Könnte ich ihn überhaupt genießen? Nein, wohl nicht.

Ich werde Ramosch zurücklassen, ein Straßenkind bleiben und nach Scouls fahren - diese acht Kilometer schaff ich auch noch. Es wird gut gehen. Es *muss* gut gehen.

So stecke ich die Karte zurück in die Satteltasche und reihe mich erneut in den Verkehr ein.

Die Straße steigt an. Bis Scouls achtzig Höhenmeter. Unterm Strich mehr, weil ich immer wieder mal bergab fahre. Noch sitze ich öfter auf dem Sattel, als dass ich laufe. Dennoch brauche ich eine weitere Stunde, bis sich die ersten Häuser von Scouls zeigen. Meine Kraftreserven sind an ihrem Tiefpunkt angelangt.

Am Ortsanfang weht über einem Gebäude eine Fahne, ob es ein Hotel ist? Ich benötige dringend Wasser, auf dem letzten Stück habe ich mehr getrunken, als in allen Stunden zuvor, der Vorrat ist aufgebraucht. Jede Faser meines Körpers lechzt nach kaltem Wasser, auf einmal fühle ich mich wie ausgetrocknet.

Es ist ein Pflegeheim und ein Reha-Zentrum.

Vor der Tür sitzen ein paar Leute, zwei von ihnen in Rollstühlen, und unterhalten sich. Nun, da ich vorfahre, wenden sich alle Augen zu mir. Die Mienen sind ernst und abweisend, meinen Gruß erwidert niemand. Wie es sich wohl anfühlt, in einem Schweizer Pflegeheim zu leben, hoch über dem En, mit der Kulisse der Berge ringsumher?

Nachdem ich Lupina an einer Bank geparkt habe, trete ich durch die Eingangstür in das Foyer des Hauses.

An der Rezeption tippen zwei Frauen in die PC-Tastaturen vor ihnen und blicken jetzt auf, da sie mich hereintreten sehen. Keine lächelt. Die eine wendet sich wieder ihrer Tätigkeit zu, die andere wartet mit blasierter Miene auf das, was ich vorzubringen habe. Wie viele tausend Fahrradtouristen mögen hier schon hereingeschneit sein?

Ich lasse mich nicht irritieren, grüße mit einem freundlichen ‚Grüazi‘ und lobe mich insgeheim, weil mir, so müde wie ich bin, nicht das in Österreich übliche ‚Grüß-Gott‘ heraus gerutscht ist, ich war ja heute Morgen noch dort.

„Allegra“, werde ich herrisch korrigiert und ich ärgere mich über meinen Fauxpas. Allegra ist der rätoromanische Gruß im Engadin und heißt übersetzt: Freue dich!

„Verzeihung, Allegra!“ verbessere ich und zwinge mich, dem Wort entsprechend dreinzublicken.

„Und?“ fragt die Empfangsdame.

„Ich bin seit heute Morgen mit dem Rad unterwegs und nun ist mir das Trinkwasser ausgegangen. Es wäre sehr freundlich, wenn ich hier einen Wasserhahn benutzen dürfte.“

„Da“, erwidert sie und deutet mit einer laxen Kopfbewegung auf eine Tür, die sich an der Seitenwand der Eingangshalle befindet. Es sind die Toilettenräume. Ins Waschbecken läuft eine lauwarme Plörre, die ich vor Ekel nicht hinunterbringe. Also trete ich wieder vor die Rezeption.

„Was ist?“

„Das Wasser ist so warm, dass ich es nicht trinken mag. Haben Sie kein frischeres, kühleres? Ich würde es auch gern bezahlen.“

Sie antwortet nicht, streckt den Zeigefinger nur wortlos zu einer anderen Tür hin. Doch nicht zur Herrentoilette? Nein, zur Cafeteria. Dort treffe ich auf eine erfrischend nette Schweizerin, die meine Flasche mit eiskaltem Wasser füllt und mir noch eine gute Reise wünscht.

Draußen öffne ich die Tasche und hole die Proviantdose heraus. Eine Scheibe Brot mit zerlaufener Butter, ein Eckchen Bergkäse, eine Cocktailtomate, der Rest Schokolade und frisches Wasser - mein kleines kulinarisches Königreich... Hysterisch lachend lasse ich mich auf die Bank fallen, balle die Hand, für fremde Augen unsichtbar, zur Beckerfaust. Ja, wohl! Lupina und ich haben den Tanz mit der Straße überlebt. Wir heben die Welt aus den Angeln und hängen sie wieder ein - Allegra! Noch Minuten später lache ich albern vor mich hin und werde dafür vonseiten der Tischgesellschaft mit argwöhnischen Blicken bestraft.

Die Rast vor Toresschluss war nicht zwingend nötig. Aber wie konnte ich ahnen, dass nur Minuten später das kleine reizende Hotel Traube am Wegrand steht? Mit seinem Mix an Möbeln, Antiquitäten und Kunstwerken, seinen knarzenden Treppen und ländlichen Flickenläufern verströmt es kultivierte Behaglichkeit.

Hier erhalte ich mein wohlverdientes Bett - zum Schweizer Schnäppchenpreis. Kann sein, dass ich in meinem schmutzig-ausgelaugten Zustand allzu erbarmungswürdig ausschaue. Mir ist es egal, ich nehme dieses Entgegenkommen freudig an und ein paar dicke Steine fallen mir vom Herzen.

Lupina kommt in einem Schuppen unter und ich darf in einem Einzelzimmerchen wohnen, dessen Fenster eine Flügeltür ist, die auf einen schiefen Balkon mit Mosaiktischchen führt. Dort stehe ich und rühre mich nicht, spüre, wie die Anspannung des Tages zu schmelzen beginnt wie Eis, das die Sonne bescheint.

Nach dem Duschen diniere ich, in einem Raum mit Historie und Privatambiente. Die Familiengeschichte der Traube hatte Ende des neunzehnten Jahrhunderts mit einer Kornmühle begonnen.

Da sitze ich, allein an meinem Tisch, die Hände auf matt glänzendem, graubraunem Damast ruhend, konzentriere mich darauf, nicht zu weinen, so sehr fühle ich mich verwöhnt. Während ich auf den ersten Gang warte und vom Wein nippe, schwenkt mein Blick zum Nachbartisch, wo sich eine Dame und ein Herr die Zeit mit Kartenspielen vertreiben. Erstaunlich, in diesem feinen Hotelrestaurant. Und sympathisch dazu.

„Also, wenn Sie Karten spielen, darf ich sicherlich in mein Heft schreiben", sage ich lachend, lege die Stoffserviette zur Seite und Tagebuch und Kugelschreiber bereit.

„Dürfen wir fragen, was Sie da verfassen?"

Die Frage ist der Anfang einer interessanten Unterhaltung.

Peter und Dorothea stammen aus dem Raum Luzern und reisen gern für eine Zeit der Erholung nach Scouls und ins Hotel Traube. Ich erzähle von meiner Reise am Fluss, von der Sehnsucht, die mich nunmehr seit zwei Wochen vorwärts treibt, vom Dichter meiner jungen Jahre, der mich so nachhaltig inspiriert hat, von Lupina - unterbreche meine Rede, als mir eine Symphonie in Rot, Grün, Weiß, Gelb vorgesetzt wird: Büffelmozzarella, Tomaten und Mango auf zartem Ruccola, mit allerbestem Olivenöl beträufelt.

Es schmeckt wunderbar. Ich esse nicht, ich zelebriere, und höre nicht auf, gegen das Brennen in meinen Augen anzukämpfen.

Wir reden über die Sprachen der Schweiz: französisch, italienisch, deutsch und rätoromanisch. Letzterer gilt mein besonderes Interesse, da ich ja zu den ‚Wurzeln' des En fahre. Rätoromanisch, Bündnerromanisch - auch schlicht: Rumantsch - wird im Kanton Graubünden gesprochen, somit auch im Engadin. Peter erzählt, große Teile der Bevölkerung legten Wert auf die Erhaltung und Pflege des Rätoromanischen, weshalb es in den Schulen unterrichtet wird. Generell lernen, über die Muttersprache hinaus, die Kinder aller Normalschulen mindestens zwei Sprachen. Im Übrigen ist es nicht ungewöhnlich, dass ein Schweizer Bürger alle vier Sprachen spricht, beziehungsweise gelernt hat.

Inzwischen steht der zweite Gang vor mir.

Behutsam zerteile ich die kleine Teigtasche auf meinem Teller, wende den mit Meeresfrüchten gefüllten Happen im Butter-Safran-Sößchen, auf das man die hausgemachten Ravioli und gebratene Garnelen gebettet hat. Wer hier in der Küche arbeitet, verfügt über göttliche Fähigkeiten.

„In der Traube sind die Speisen hervorragend", sagt Dorothea lächelnd, als sie meinen andachtsvollen Gesichtsausdruck sieht.

Als wir gemeinsam unser Mahl beschließen und uns von den Stühlen erheben, treten die Beiden auf mich zu. Sie wollen mir etwas sagen und ich sehe sie erwartungsvoll an.

„Gabi, wir möchten eine Vereinbarung mit dir treffen…", fängt Peter an, „du schickst uns dein Buch, wenn es erschienen ist", und seine Frau fährt fort: „dafür bezahlen wir heute dein Essen."

„Was? Nein, das geht nicht, auf keinen Fall kann ich das annehmen", entgegne ich und hebe abwehrend die Hände, „das Buch verspreche ich, ohne Garantie, ich muss es ja erst schreiben."

„Das ist schon klar. Doch, du musst das Angebot annehmen, wir bestehen darauf! Allerdings haben wir noch eine Bedingung…", sagt Peter und

Dorothea ergänzt lachend: „…wir möchten das Velo sehen."

Ich brauche einen Augenblick, um die Einladung zu verdauen und mich zu erinnern, was ‚Velo' bedeutet. Fahrrad. Sie möchten Lupina sehen.

Gemeinsam gehen wir nach draußen und gleich zur Hausseite, wo sich der Schuppen befindet. Die Holztür quietscht in den Angeln, als ich sie öffne und erst einmal gar nichts sehe, so finster ist es hier drinnen. Meine Hand tastet nach dem Drehlichtschalter und wir Drei treten ein.

Da ist es, das feine blaue Velo, mein treues Gefährt… Und wieder werden mir die Augen feucht, als ich es im Schein der Funzelleuchte dort stehen sehe.

Das Zimmer bleibt dunkel. Ich öffne die Flügeltür, trete hinaus auf den Balkon in die laue Abendluft. Der Blick geht über die Dächer der Stadt, einige Fenster sind erleuchtet, von irgendwo tönt ein Zirpen herüber und das gedämpfte Brummen eines Automotors. Auf der anderen Seite stehen schwarz und stumm die Berge und unten am Talgrund fließt der junge En, die Lebensader des Engadins. Ich stelle mir vor, wie es wäre, jetzt bei ihm zu sein, ihm zuzuhören. Das Mondlicht würde sanft auf seinem Wasser spielen und ich würde nichts als Liebe fühlen. Wie lange ist es her, dass ich dort unten war? Siebzehn Jahre.

Von Scouls nach St. Moritz

Tag fünfzehn. Zum dritten Mal ein Donnerstag.
Wie geht es nun weiter?

St. Moritz liegt sechshundert Höhenmeter über Scouls, am Anfang des Oberengadiner Hochtals und seiner Seenplatte. Bis dahin werde ich so gut wie gar nicht fahren können, die Höhendifferenz ist zu groß. Es scheint so, dass die Zeit, mich von Lupina zu trennen, gekommen ist.

Ich klopfe die Möglichkeiten ab. Da wäre der linksseitige Weg, der sich am Flussverlauf orientiert, mit weniger Höhenschwankungen als der, der rechts des En über die Bergterrasse von Dorf zu Dorf verläuft und nicht selten weit davon abweicht. Zu welcher Wegvariante ich mich auch entschließe, die Strecke zum Südende des Unterengadins und von dort zum Nordende des Oberengadins müsste ich vorwiegend zu Fuß gehen. Dafür gäbe es, über den Daumen gepeilt, acht bis zehn Tage zu veranschlagen, was unweigerlich in eine Kniekatastrophe münden würde.

Variante Zwei wäre die Straße, die meisten Inn-Radler benutzen sie. Die Höhendifferenz bliebe dieselbe, so dass ich auch hier überwiegend laufen müsste, wäre deshalb, grob geschätzt, sechs bis acht Tage unterwegs... nicht auszudenken!

Die Straßenvariante ist keine Option. Ob ich mit oder ohne Fahrrad laufe, die Hürde vom Unter-

ins Oberengadin würde die Grenze des Machbaren überschreiten. Bleibt also nur eine Möglichkeit: Ich muss ein Verkehrsmittel nutzen.

Zur Auswahl stehen Bus und Bahn. Ab St. Moritz wird sich der Weg entlang der Engadiner Seen auf gleichbleibender Höhe bis Maloja fortsetzen, was bedeutet... - wir wird ganz warm ums Herz -, dass Lupina bei mir bleiben kann.

Ich entscheide mich für die Bahn, mit der der Radtransport unkompliziert abzuwickeln ist.

Zum Bahnhof geht es steil bergauf, beim Schieben muss ich mich kräftig ins Zeug legen. Nur eine halbe Stunde Wartezeit - und mein Fahrrad und ich steigen in den Zug ein.

Der Test

Sie ist erfrischend neugierig und eine Genießerin, wie es kaum eine zweite gibt.

Kurz nach der Jahrtausendwende ergab es sich, dass es bei einer Familienfeier zum Schlüsselgespräch kam, das heißt, eher war es ein Monolog meinerseits, dem sie begierig zuhörte, so wie ich in den Neunzigern einem anderen Bergwanderer gelauscht und jedes seiner Worte fasziniert aufgesogen hatte.

Wer kennt sie nicht, diese magischen Momente, die, so kurz sie sein mögen, etwas Neues einleiten? Wer kennt nicht den Punkt, wo die Begeiste-

rung eines Anderen überspringt? In jenem Sommer, ich weiß es noch genau, infizierte ich Heike mit dem Bergvirus.

Wir vereinbarten eine einwöchige Wanderung und ich suchte später den Panorama-Höhenweg des ,Engiadina bassa' aus, von Lavin bis Tschlin durch das bezaubernde Unterengadin.

Alles weiß ich noch. Wie Heike kurz vor unserem Aufbruch ihren entzündeten Zeh in Seifenlauge badete, wie sie das Bergpanorama genoss, sich mit ihrer Höhenangst auseinandersetzte. Ich sehe uns vor Guarda im Gewirr der nicht gekennzeichneten Pfade umherirren, das Dorf zum Greifen nah hinter einem Hügel versteckt - damals benutzte ich noch keinen Kompass. Ich sehe uns todmüde durch die holprigen Pflasterstraßen Guardas laufen, auf der Suche nach einem Obdach, wie man uns immer wieder abwies, weil alle Zimmer belegt waren. Am Ende erbarmte sich die gutherzige, wirbelsäulenkranke Katharina. Ich sehe ihr dreihundert Jahre altes Engadiner Haus vor mir, die dicken, bemalten Wände, die nach unten hin breiter ausliefen, die Fensterluken und das typische Rundbogentor mit der integrierten zweigeteilten Tür, drinnen die ehemalige Scheune mit dem rissigen Gebälk, wo einstmals das Federvieh gegackert hatte und nun ein Esstisch mit Stühlen stand. Dunkel und kühl war der Scheunenraum gewesen; im Sommer heizte sich das Haus nicht auf, im Winter hielt es die Kälte ab.

Ich sehe mich noch in karierter Bluse über den Höhenweg laufen, sehe die dunstige Luft über der Kerbe des engen Tales, in dem tief unten der En floss und allein seinen Weg nach Norden nahm. Ich sehe mich im Sonnenschein hoch über Scouls um eine Ecke biegen und blumenübersäte Wiesen erblicken, wie ich sie so bunt und vielfältig noch nie gesehen hatte. Ich sehe mich an dieser Stelle Quellwasser in die Hände schöpfen, spüre noch die prickelnde Kälte. Ich sehe Heike und mich in Vnà, jenem Schwalbennest-Dörfchen am Fuß des Piz Arina, rasten, sehe die grau getigerte Katze neben den Kaffeetassen liegen.

Als Heike schweren Herzens abgereist war, blieb ich noch da; ich brauchte noch Zeit für mich allein. So unternahm ich jeden Tag kleine Wanderungen, saß stundenlang auf Bänken, las, oder schaute hinüber zu den hohen Bergriesen.

Einmal ging ich hinunter zum En - Guarda liegt dreihundertfünfzig Meter darüber. Nicht breiter als eine Ache schlängelte er sich über Sand und Steine am Waldrand entlang. Es gab einen Weg, auf dem ich ihn eine Weile begleitete, dazu Inseln und Strandbuchten, sonnenwarme Felsen, auf denen ich saß und mit den Füßen im Wasser seinem Gemurmel lauschte, dieses sommerliche Glitzern und Flirren genoss.

Damals schon hatte ich den Fluss in mein Herz geschlossen und doch nicht geahnt, dass ich eines Tages zu seinem Ursprung reisen würde, obwohl ja die Geschichte ‚Siddharthas' längst in mir schlummerte.

Wie Perlen reihen sich die Dörfer des Unterengadins zur Kette auf - Scouls, Ftan, Ardez, Guarda -, hoch oben auf der Terrasse. Stetig klettert die Bahn bergauf, schlüpft immer wieder in Tunnel. Rechts streckt sich die Terrassenlandschaft zu den Dreitausendern der Silvretta hoch, zum Piz Linard, Fluchthorn, Piz Buin…. Dagegen folgt linkerhand, ohne lieblichen Übergang, eine steile Bergflanke der nächsten. Die Ötztaler sind zurück geblieben, weit drüben schließt sich ihnen nach Süden die Ortlergruppe an.

In Lavin erkenne ich das kleine Bahnhofsgebäude wieder, wo ich mich nach unserer Tour von Heike verabschiedet hatte. Hier biegt die Zuglinie nach Süden ab. Es folgen die Orte Susch, Zernez, Brail, La Punt-Chamues-ch, Bever, von denen die letzten bereits zum Oberengadin zählen. In Samedan steigen alle, die ins noch höher gelegene Pontresina reisen wollen, um.

Für Lupina und mich geht es weiter nach St. Moritz.

Minuten später hält der Zug, Endstation. Ohne darum gebeten zu haben, packt jemand den Ge-

päckträger und hilft, das Fahrrad auf den Bahn-
steig zu hieven. Eine Stunde nach der Abfahrt in
Scouls und etlichen Haltestationen bin ich da - in
der Kinderstube des En.

Wie und womit soll ich anfangen, meine Eindrücke schildern, die mich schon am Bahnhof über-
fallen? Beim St. Moritzersee, rätoromanisch: Lej
da San Murrezan? Bei der ihn umgebenden Landschaft und deren Farben, die leuchten, dass es
die Augen blendet? Oder bei dem Rolls Royce
mit den getönten Fondscheiben, und dem Chauf-
feur, der auf seinen VIP-Gast wartet?
  Bisher kenne ich das weltbekannte Dorf der Su-
perreichen nur aus den Klatschmedien, meistens
romantisch verschneit. Wie ein Olymp erhebt es
sich oberhalb des Sees am Berghang, Grandho-
tels ragen mit ihren Fahnenmasten daraus hervor. Ob ich dort ein bezahlbares Bett finde?
  Und noch einmal geht es steil bergan, ich schiebe und verrenke mir den Hals, wenn ich zu den
Dom-Perignon-Palästen ‚aufsehe‘. Dann kommen
sie, die Läden der großen Modeschöpfer, reihen
sich auf wie die Handy-Shops in meiner Stadt:
Cartier, Armani, Gucci, Tom Ford, Bottega Vene-
ta... und so weiter und so fort.
  Ein Hotelbediensteter tritt mit Kehrschaufel und
Besen aus dem Haus und fegt drei welke Blätter
auf, die von einer Pflanze auf den Boden gefallen

sind. Von überall kreischt oder flüstert es in mein Ohr: Geld, Geld, Geld… Hier kann man Vermögen auf den Kopf hauen, Finanzkontakte knüpfen, als Emporkömmling Mitglied der High-Society werden und lernen, wie man einen schillernden Lifestyle pflegt. Milliardäre der ganzen Welt stellen Millionäre in den Schatten, logieren in den Privathäusern oder Luxussuiten von St. Moritz.

Allerdings macht den Reichen eine aktuelle Entwicklung zu schaffen: Die Steuerfahndung wird strenger. Prompt fahren viele von ihnen lieber woanders hin.

Vor einem Schaufenster sieht sich eine Frau Designermode an, was nicht der Rede wert wäre, trüge sie nicht einen Tschador. Sie steht unbeweglich da, ihre schwarze Gestalt ist zierlich. Ein paar Meter entfernt wartet ein Mann, drängelt nicht, sagt nichts, lässt die Frau aber nicht aus den Augen. Wer ist sie? Ich würde gern etwas über ihr Leben erfahren.

Im Ortskern eingetroffen, stoße ich auf ein paar weniger pompöse Hotels. Mal sehen, was mich der Spaß kosten wird, ich mache mich auf einen Schock gefasst. Im ersten, in dem ich nachfrage, ist kein Bett frei, im zweiten wird mir ein Doppelzimmer für hundertzwanzig Franken angeboten, nur wenig teurer als mein süßes Zimmerchen in Scouls. Damit ist die Sache klar, ich bleibe hier.

Lupina wird in einem blitzsauberen Erste-Klasse-Fahrradkeller übernachten.

Die zweite Tageshälfte verbringe ich mit einem dürftigen Mahl in einem Fußvolk-Restaurant, Recherchen und Einträgen in mein Tagebuch. Dabei nage ich ein bisschen auf dem Ende meines Kugelschreibers herum und denke gründlich nach... über dies und das und natürlich über - Geld.

Zufriedenheit einer nur spärlich Besitzenden

Es muss Anfang der Siebziger gewesen sein. Noch heute gibt mein Vater mit bleibender Bestürzung den Satz zum Besten, den ich an jenem Tag aus Überzeugung formulierte: ‚Geld ist mir egal, ich mach mir nichts daraus'.

Meine Eltern waren fassungslos. Sie sahen mich auf dem Weg, mein Leben zu verpfuschen. In der Tat hatte mich Geld nur in soweit interessiert, als dass ich es benötigte, um existieren zu können. Meine Bafög-Unterstützung genügte mir und in den Semesterferien verdiente ich ein paar hundert Mark dazu, trug sie zur Bank, um sie gegen Francs zu tauschen, die ich in Frankreich schwerpunktmäßig in Baguettes, Tomaten und roten Tafelwein investierte.

Für Jobs, die der Verwaltung oder Vermehrung von Geld dienen, war ich gänzlich ungeeignet. Allein die Worte Anleihen und Devisen verursachten mir Kopfweh. Wenn ich Börsenspekulanten im Fernsehen sah, mit ihren gelockerten Krawattenknoten und vor Nervosität zerrauften Haaren, taten sie mir leid; für keinen Lohn der Welt hätte ich mit ihnen tauschen wollen. Und für alle Banker und Steuerberater hege ich noch heute eine naive Bewunderung.

Aber das Leben zwang mich, wie jeden anderen auch, meine Aversion zu überwinden, jedenfalls insoweit, dass ich nicht vor die Hunde ging und das Schicksal erlitt, das meine Eltern auf mich zukommen sahen. In den Jahren als Alleinerziehende mit drei Kindern musste ich ständig rechnen und planen, ebenso in meinem Beruf. Soziale Arbeit hat mehr mit Geld zu schaffen, als man glauben mag, nämlich mit Geld...mangel. Was in aller Welt hat eigentlich nichts mit Geld zu tun?

Mittlerweile bin ich fünfundvierzig Jahre älter, lebenserfahrener und wahrscheinlich ein bisschen klüger - und was muss ich sagen? Meine Sichtweise hat sich prinzipiell nicht geändert, nur spezifiziert und im begrenzten Umfang relativiert.

Geld ist mir nicht schnuppe! Ich will ja leben und eines Tages Betreuung und Bestattung bezahlen. Nichtsdestotrotz hat es seit seiner Erfindung für Neid, Diebstahl, Mord und Totschlag gesorgt. Ich kenne reihenweise Familien, Ehen, Freundschaften, die sich wegen Geldstreitereien entzweit haben, darunter ein Geschwisterpaar, das sich am Sterbebett der Mutter in Anwesenheit eines Anwalts über den Nachlass gezankt hatte.

Man weiß, dass die ungerechte Verteilung von Geld und Besitz Unfrieden stiftet, Kriege werden ums Geld geführt, Wildtiere für ein einziges Körperteil dahin gemetzelt, Naturschätze regelrecht ausgepresst. Geld kann habgierig und abhängig machen, Asketen und Heilige entsagen nicht umsonst jeglichem Besitz, denn Erleuchtung ist mit Geld nicht zu erwerben - siehe ‚Siddhartha‘. Und wer ‚wahre‘ Liebe zu kaufen sucht, wird sowieso eines Besseren belehrt, was wohl eine Gerechtigkeit darstellt, die für uns alle gilt.

Andererseits… Wie viel Herrliches, wie viel Lebenswichtiges, wie viel Lebensqualität kann man mit Geld kaufen! Wie glücklich kann eine Reise machen, einschließlich der, die ich gerade erlebe. Wie gut ist das Gefühl, jemandem in einer Notlage mit Geld zu helfen, wie wertvoll ist es, ohne Existenzangst leben zu können. Letztlich ist nicht das Geld selbst problematisch, sondern der Umgang damit.

Um achtzehn Uhr gehe ich zu Bett, um mich auszuruhen und um zu lesen.

Bevor ich die Augen schließe, stelle ich mir noch ein paar fundamentale Fragen: Sollte mir morgen Harry Potter begegnen - lustig der Gedanke, dass sich Daniel Radcliffe tatsächlich hier im Ort aufhalten könnte... - und anbieten, mich in diese Nobelwelt hinein zu zaubern, würde ich das Angebot annehmen? Möchte ich zu den reichen und schönen Damen dieses Ortes zählen, eine in die Jahre gekommene Pretty-Woman sein? Möchte ich jeden Abend mit dem attraktivsten Mann an meiner Seite ein Fünf-Sterne-Menu verspeisen?

Ach, die Antwort kommt mir so leicht von den Lippen: Nein, danke. Lieber will ich mich mit meiner Satteltaschengarderobe aus dem Staub machen. Natürlich zum Ursprung des Inn.

Wohin sonst?

Von St. Moritz nach Sils Maria

Mit flatternder Bluse sause ich den Berg hinunter - St. Moritz, lebe wohl! - und kaufe am Bahnhofskiosk erst einmal ein Eis am Stiel. Seit Zams hält sich dieses Unwohlsein im Magen und jetzt habe ich plötzlich in früher Morgenstunde Heißhunger auf Vanilleeis mit Schokoglasur, was ungewöhnlich ist, weil ich mir eigentlich nichts daraus mache. Danach geht es mir besser und mir fällt ein Ausspruch meines älteren Sohnes ein, der da lautet: Der Mensch ist ein komisches Wesen.

Mein Gott, wo bin ich hier nur gelandet?

Ungeachtet der sich zunehmend verdichtenden Bewölkung ist die Natur fast unwirklich schön. Das leuchtend blaue Fenster, das sich am südlichen Himmel nicht schließen will, die schwarzen Waldsäume, das zitternde, fein gekräuselte Wasser des St. Moritzer Sees - diese Welt sieht wie mit Silber überhaucht aus.

Zuerst besuche ich den En. Hier, am nördlichen Rand des Sees, stürzt er sich über eine niedrige Staumauer in Richtung Unterengadin.

Bis Sils Maria sind es ungefähr fünfzehn Kilometer zu fahren, auf weitestgehend ebener Strecke. Ich kann mir also einen Umweg leisten, das Ganze um einige Kilometer verlängern. Ein Herr, mit dem ich gestern in St. Moritz auf der Straße plauderte, hatte mir einen Besuch des Hochmoor-

Sees Lej da Staz empfohlen. Nun bin ich auf dem Weg dorthin, muss aber Lupina schieben, da Rad fahren auf den Spazierwegen und Promenaden des Sees verboten ist.

Die Wege sind belebt. Vor mir geht ein älteres Liebespaar, das nun stehen bleibt und sich ausgiebig und weltvergessen küsst. Kurz darauf joggt mir eine durchtrainierte, recht kleine weibliche Person entgegen, die sich eine schwarze Sturmmaske mit Schlitzen für Augen, Mund und Nasenlöcher über den Kopf gestülpt hat. An ihrer Seite galoppiert mit Hab-Acht-Blick ein Schwarzenegger-Typ, vielleicht ihr Leibwächter. Nachdem ich den Anblick verwunden habe, arbeitet es in meinem Kopf: Welche Promi-Frau dieser Körpergröße ist trainiert wie diese... etwa Madonna? Christina? Jennifer? Helene? Erstaunlich, wie viele berühmte, starke Frauen klein sind. Ach, wie sehr reizt das Verborgene! Wer mag sie sein, die unbekannte Maskierte? Kylie vielleicht? Shakira? ...

Bis zum Lej da Staz - Stazer See - laufe ich eine halbe Stunde bergauf, dann liegt der dunkelgrüne und von Wald eingefasste Badesee vor mir. Es heißt, dieses Kleinod speichere die Sonnenstrahlen besser als die großen, tiefen Seen der Oberengadiner Hochebene.

Ich möchte hier ein bisschen verweilen, den Ort auf mich wirken lassen. Auf der Suche nach einem netten Sitzplatz entdecke ich eine Holzbank, frisch gehobelt und duftend wie der Wald selbst. Über ihre Rückenlehne ist in schnörkeligen Buchstaben folgender Schriftzug graviert: ‚Für Gitty & Tino - The sun does not always shine on us, but in us - love you'.

Nach meiner kleinen Träumerei am Lej da Staz setzte ich die Reise fort, zunächst zum Südrand des St. Moritzer Sees, noch einmal vorbei an einem Gästepalast, dem Kempinski Grand Hotel des Bains, bis nach St. Moritz-Bad. Dort kaufe ich ein Paar Wanderstöcke, klemme sie unter den Deckel der Satteltasche und habe das Gefühl, mein Schicksal besiegelt zu haben.

Weit hinten, am Ende des Tales, wartet Maloja auf mich.

Was mich in den Alpen stets fasziniert hat, sind die Scharten, Jochs, Furcae und Pässe - die kleineren und die großen Tore, die mich in eine neue Region führen. Wenn sich mein Weg einem solchen Tor nähert und aus dem windstillen Schutz einer Bergseite herausführt, erfasst mich der hindurch jagende Wind mitunter so plötzlich, dass ich mich mit aller Kraft dagegen stemmen muss. Diese Luftströme der Berge entstehen durch Verdunstung über den Meeren. Sie umspielen und umbranden das Gebirge, pressen sich durch die Passtore mit beschleunigter Geschwindigkeit.

Das hochalpine Oberengadiner Tal ist von vier Passtoren umgeben: dem Berninapass im Osten, Julierpass im Westen, Albulapass im Norden und - dem Malojapass im Süden. Durch diesen dringt über den Comersee mediterrane Luft. Der sonnenabhängige Bergwind ‚Brüscha' dagegen weht von Norden und ist dem Malojawind ein starker Gegenspieler.

Auch das Element Wasser spielt in den Alpen eine überaus wichtige Rolle. Die Berge fangen die Wolken auf, binden sie in der Kälte der Höhe zu Schnee, bannen das Flüssige zu Eis. Sie teilen das fließende Element den Gebieten Europas zu und senden es in Form der Flüsse in alle Himmelsrichtungen. Sie sammeln das Wasser und speichern es, scheiden es aus und regulieren es. Europas größtes Gebirge ist ein gewaltiges Wasserschloss, das den Wasserhaushalt ausgleicht und damit dem ganzen Kontinent dient.

Im tausendachthundert Meter hoch liegenden Oberengadin reihen sich nacheinander seine berühmten Seen auf, die alle der En verbindet: der St. Moritzersee, Champfèrersee, Silvaplanersee, Silsersee. Aber gespeist werden die waldgesäumten Schönheiten nicht nur vom En, auch von anderen Quellwassern, Bächen und Flüsschen.

Das Radeln ist leicht und angenehm. Mein Weg windet sich über Lehmhügel durch Zirbel- und

Lärchenwald, dann unmittelbar am Seeufer entlang. In dieser Höhe ist es auch im Sommer kühl, wenn der Himmel wie jetzt von Wolken bedeckt ist und der Wind das Seewasser aufpeitscht, das von leuchtendem Topasblau ist. Wie flüssiges Eis sieht es aus, rein und vollkommen klar. An manchen Stellen schimmert es rosa, türkis, grün oder gelb, je nachdem, wie es das Licht auffängt oder wie der Seegrund beschaffen ist.

Mitunter verweile ich in kleinen Buchten, sehe fröstelnd den Eiswellen zu, die mir der Bergwind vor die Füße treibt, versuche zu begreifen, dass ich tatsächlich hier bin. Eigentlich müsste ich außer mir vor Freude sein, stattdessen hat mich eine Melancholie erfasst, die ich mir nicht zu erklären weiß, die zunimmt, je weiter ich mich dem Ende meiner Reise nähere.

So treffe ich am sechzehnten Tag, einem Freitag, am Silser See ein, dem letzten der vier. Hier liegt der Ort Sils Maria, eigentlich: Sils Maria im Engadin/Segl. Der En verlässt den See etwas weiter oben, bei der Kirche Sils-Baselgia, fließt dann zum Silvaplanersee.

Der einzige Ort, der noch folgt, ist Maloja.

Obwohl Wintersportort wie St. Moritz, ist Sils Maria ein gänzlich anderer. Seine Bekanntheit erlangte er durch die Elite großer Dichter und Denker. Allen voran hatte es Friedrich Nietzsche die Schönheit des Silser Berglandes angetan, sieben

Sommer verbrachte er hier in einfachen Verhältnissen. In diesen schöpferischen Zeiten sind einige seiner bedeutsamsten Werke entstanden. Zu Ehren des Ortes hatte er ein Gedicht verfasst:

‚Hier saß ich, wartend, wartend, -
doch auf nichts, jenseits von Gut und Böse,
bald des Lichts genießend, bald des Schattens,
ganz nur Spiel, ganz See, ganz Mittag,
ganz Zeit, ohne Ziel.
Da, plötzlich, Freundin! wurde Eins zu Zwei -
und Zarathustra ging an mir vorbei…'

Und ich? Was ist an mir vorbeigegangen? Oder bin ich eher mitgegangen? Mit diesen Tagen, diesen Eindrücken, diesem Fluss? Alles habe ich mitgenommen. Oft hatte ich mich unterwegs wie in einem Rauschzustand gefühlt, gefangen in dem, was ich tue und wahrnehme und wünsche. Nun ist mir, als wache ich aus meiner Entrückung auf, erstaunt über dieses Gefühl plötzlicher Wirklichkeit. Oh ja, ich hatte diese Reise gewollt! - und lange daran gezweifelt, das Oberengadin erreichen zu können. Jetzt bin ich da.

Wie wird es weitergehen?

Morgen soll das Wetter nicht besser als heute sein, Regen nicht ausgeschlossen, allerdings kann es in der zweiten Tageshälfte aufklaren. Bereits hier unten am See liegt die Temperatur nur wenig über Null, und dort oben, in einer Höhe von zweitausendfünfhundert Metern, wird es noch kälter sein und die Weitsicht wahrscheinlich getrübt.

Für Übermorgen ist ganztägig sonniges Wetter angekündigt. Es wäre kein Problem, diesen Tag abzuwarten, was ich aber nicht tun will, bin ich ja erfahren genug, um zu wissen, dass der Aufstieg über den baumlosen Berg unter Sonneneinstrahlung um einiges anstrengender wäre. Daher ziehe ich es vor, morgen zum En-Ursprung aufzubrechen, im Vertrauen darauf, dass die Wanderung gelingt und das Wetter nicht allzu ungünstig sein wird.

Im gemütlichen Hotel Maria, der letzten Station meiner Reise, quartiere ich mich ein, dort, wo nah vor meinem Fenster das Fextaler Flüsschen Fedacla durch den Ort rauscht.

Lupina, mein treues Hollandrad, hat seine Aufgabe erfüllt und ich schiebe es in die Hotelgarage.

„Nun muss ich meinen Weg allein fortsetzen... und zu Ende bringen", sage ich, strecke die Hand aus und berühre dankbar den Sattel, der mich so viele Stunden getragen hat.

Von Sils Maria zum Lunghinsee

Ein neuer Tag im Engadin, ein Samstag im August und nunmehr der siebzehnte Tag meiner Reise. In der Zahlenmythologie weist man der Siebzehn die Begriffe Glaube, Hoffnung, Optimismus zu.

Vorgestern kam ich in der rätoromanischen Kinderstube des En an, heute laufe ich dorthin, wo seine Wiege steht.

Die Nacht war unruhig, ich bin oft aufgewacht. Nun steige ich sehr bedächtig aus meiner Sitzbadewanne, die man kurioserweise auf einen halsbrecherischen Sockel gestellt hat, dessen Grundfläche kaum größer als die Wanne selbst ist - wer hat sich das nur ausgedacht? - trete vor den Spiegel um die Zähne zu putzen, halte inne, sehe genauer hin. Hallo, guten Morgen, du siehst prima aus, sonnengebräunt und... so glücklich. Ja, wirklich: glücklich. Aller Melancholie zum Trotz.

Wahrscheinlich sind während der Reise ein paar neue ,Fältchen' dazu gekommen, ich hatte sie in Passau nicht gezählt. Die Zeit malt mir meine Biografie ins Gesicht, jeden Tag, auch an Sonn- und Feiertagen.

Die kräftigste Linie befindet sich rechts der linken Augenbraue, meine Kopfschmerz-, Grübel- und Sorgenlinie. Ich könnte sie beseitigen lassen, ein Spritzerchen Botox - und weg ist sie, das ist heutzutage eine Kleinigkeit. Nein, das werde ich nicht tun, sie darf bleiben. Lachfältchen habe ich auch, links komischerweise mehr als rechts. Kindheitsnarbe Nummer Eins über der rechten Braue ist natürlich noch da, Narbe Nummer Zwei neben der linken Braue ist vor vier Jahren dazugekommen - beide Verletzungen hatten Stürze im Gelände und Schnitte durch Brillenglasscherben verursacht. Die Zahl der Pünktchen auf der Nase hat sich unter der Sonne mindestens verdoppelt. Ehrlich gesagt, mochte ich meine Sommersprossen schon immer gern, verleihen sie doch dem Gesicht etwas Freches und Fröhliches.

Das Leben wird malen und malen und mein Gesicht wird seine Geschichten erzählen und sich verändern. Und da ich kein Filmstar bin, darf ich mich von Natur aus wandeln. Dieselbe bleibe ich trotzdem.

Es ist neun Uhr. Der tiefe Gong der St. Michael-Kirchenglocke tönt über das Dorf.

Ich stehe an der Bushaltestelle in der Via da Marias. Es regnet nicht, doch die Luft ist feucht und trüb, der kalte Wind ist durchdringend. Zum Glück soll es kein Gewitter geben.

Ich kaufe nur die Hinfahrkarte, zum Südufer des Silser Sees, zugleich zum Südzipfel des Oberengadins und zum Pass von Maloja, der hinüber ins Bergell und nach Italien führt. An meinem Vorhaben, über einen Panoramaweg nach Sils Maria zurück zu laufen, halte ich fest.

Nach wenigen Minuten Fahrtzeit steige ich aus und bin nun in Maloja.

Zuerst gehe ich die Straße hinunter zu einem Bergsportladen. Ich muss dringend ein zweites Sweatshirt kaufen, damit ich in der Höhe nicht friere. Dass ich nur ein einziges warmes Oberteil dabei habe, belegt, wie wenig ich daran geglaubt hatte, hier wirklich einzutreffen. Die Stöcke hatte ich ja bewusst zu Hause gelassen, um mich nicht damit zu belasten, wohingegen ich die Barfuß-schuhe auf ihre Wandertauglichkeit testen wollte.

Ich suche einen Vliespulli aus, bezahle, und mache mich dann über den Bürgersteig der Straße auf den Weg, zu der Stelle, wo laut Wanderkarte der Pfad abzweigt.

Zwischendurch bleibe ich stehen, fast hätte ich ihn unter mir übersehen, doch es besteht kein Zweifel: Dieser eilige Bach, den die Straße über-brückt, ist mein Begleiter, der En. Er kommt von der Bergseite und strömt dem Silsersee zu.

Wenig später stehe ich am Abzweig.

Der große Augenblick ist da. Ich atme tief durch, dann umfasse ich die Wanderstöcke fest und bie-ge in den Fußpfad ein.

Verlockend windet er sich ohne Anstieg voraus. Die in der Karte millimeterdicht beieinander liegenden Höhenlinien zeigen an, dass es nach kurzer Schonzeit steil aufwärts gehen wird, siebenhundert Höhenmeter bis zum Lunghinsee.

Ich gehe ohne Eile und gleichmäßig, je eher ich mein Tempo finde, umso besser. Die Fußgelenke arbeiten, unter der dünnen Sohle spüre ich jeden Stein, ein Druck, der sich wie eine Akupressur anfühlt. Ich sprühe vor Wanderlust, bin in meinem Element - wie sehr ich es liebe, auf einen Berg zu steigen!

Die Geräusche Malojas sind zurückgeblieben, eine wunderbare Stille umfängt mich, die mich in eine andachtsvolle Stimmung versetzt. Es macht nichts, dass ich allein bin. Dieser Pfad ist wie ein Freund, der auf mich gewartet hat.

Aufwärts über den Bergrücken. Serpentinen mildern den Anstieg, wofür ich dankbar bin. Im Zickzack geht es höher und höher.

Der Lehmpfad führt durch struppiges Berggras, das überall von Steinbrocken durchsetzt ist, die hoch liegende Baumgrenze des Oberengadins ist längst überschritten. Nach wie vor bleibt Regen aus, dafür nehmen Wind und Kälte zu.

Ich bin nicht so allein, wie ich angenommen hatte. Etwa dreihundert Meter voraus entdecke ich drei Frauen und noch weit oben bewegt sich ein winziger Strich auf eine Senke zu, die nach rechts durch eine schroffe Felswand begrenzt ist. Diese schließt oben mit einer Grasplatte ab, das Ganze sieht wie ein kleiner Tafelberg aus. Darüber ist alles nebelig weiß, Fels scheint dunkel hindurch.

Ich gehe stetig, behalte mein Tempo bei, bleibe nur stehen, um zu fotografieren. Dank der Kühle und Feuchtigkeit fällt das Atmen nicht schwer.

Schon weit habe ich mich über das Hochtal erhoben, den Silser See kann ich fast ganz überblicken. Jetzt sehe ich auch die wolkenverhangenen Gipfel, die sich dahinter um einen besonders hohen gruppieren, vermutlich der einzige Viertausender der Ostalpen, der Piz Bernina. Die Wälder von Maloja sehe ich nun, als dicker Teppich bedecken sie den Pass bis hinunter ins Bergell. In diesem Flor aus Bäumen verbirgt sich die Strada Romana - die Passstraße.

Wie leicht mir der Aufstieg fällt, obwohl er wirklich steil ist! Ich atme und gehe, in meditativer Gleichförmigkeit. Einen Berg erklimmen ist nichts für Hektiker.

Noch bevor meine Augen ihn wahrnehmen, höre ich ihn, in schäumender Kaskade stürzt er sich weiter oben über Felsklippen. Als der Berghang bald darauf weniger steil ist und der En beruhigter seinen Lauf nimmt, trete ich direkt mit ihm in Kontakt, indem ich ihn, von Stein zu Stein schreitend, überquere.

Mein Blick geht nach oben, folgt dem Pfad.

Nebel wabert über die Senke, dunkel steht die Wand des Felstisches dagegen, die ich nun fast berühren kann. Von oben nahen zwei junge Leute. Ich nutze die Gelegenheit und frage, wie weit es noch zu laufen ist. Keine halbe Stunde, sagen sie, es sei sehr kalt dort oben, lange könne man es nicht aushalten. Ich bin froh, den Pulli gekauft zu haben.

Die alpine Zone beginnt. Die Grasflächen bleiben zurück, das Gelände wird rauer und steiniger, als bereite sich die Natur auf ihn vor. Nachdem er bisher, trotz der kurzen Distanz zwischen uns, zumeist außer Sichtweite war, bleibt er jetzt bei mir, prescht durch Fels und Steine talwärts, gurgelt in Hohlräumen und Nischen, stürzt sich wieder voran... der kindliche Fluss.

Weiter gehe ich in den Nebel hinein, spüre meinen Herzschlag, wie er sich zu einem Crescendo freudiger Erwartung steigert...

Dann ist der Anstieg vorbei.

Eiskalte Tropfen und ein heftiger Wind schlagen mir entgegen. Schneeinseln scheinen weiß durch den Nebel, Flocken treiben um mich her.

Vorsichtig steige ich über Steinplatten um eine Felsecke herum... und da endlich sehe ich ihn - den Lunghinsee.

Sein Wasser ist von milchigem Türkisgrün, an den Rändern über dem felsigen Untergrund klar und farblos. Rundherum steht der Nebel, feine Dünste streichen und hauchen über das Wasser - ein friedvoller Ort.

Gegenüber wächst schneebestäubter Fels senkrecht aus dem See: der Fuß des Piz Grevasalvas, seine hohe Bergseite verschwindet nach oben in den Wolken. Links erhebt sich ein Felsrücken, auf dem ein Mann und eine Frau stehen. Er fotografiert, sie hat die Arme frierend um den Körper geschlungen. Ich nehme an, dass man von diesem Standort aus bei klarem Wetter den See überblicken kann.

Der Ursprung des En, nun zum Anfassen nah: Ein Holzsteg überspannt den von Menschenhand eingefassten Überlauf. Ruhig schiebt sich das Wasser des Quellsees dorthin, folgt dem Sog der Schwerkraft... bis diese Lautlosigkeit in Lärm umschlägt, wenn sich das Wasser in ein natürliches Becken aus Steinen und Fels ergießt, aus dem es mühelos herausfindet und sich noch lauter und wie entfesselt zu Tal bewegt. Der Fluss ist geboren und macht sich auf den Weg zur Donau.

Lägh dal Lunghin ist sein Taufname. Der See ist die Wiege des En und zugleich sein Herz. Er empfängt das sauerstoffreiche Wasser des Himmels, der Gletscher, der hohen Bergregionen, gebiert den Fluss und schickt ihn auf die Reise, während der er Leben spendet, für Menschen, Tiere und Pflanzen. Seine Energie wird er schenken, sich zähmen lassen, bis er ins Meer eintritt, das die Sonne zum Verdunsten bringt, so dass das Wasser aufsteigt, sich zu Wolken ballt, die, aufs Neue mit Sauerstoff angereichert, über Land und Berge ziehen und sich leerregnen. Und wieder wird sich das reine Wasser sammeln, wieder dem See zufließen, der es aufs Neue aussendet, dass die Geburt des Flusses eigentlich seine Wiedergeburt ist, im Arterien-Venen-Kreislauf der Natur.

Wenn das Herz am tiefsten fühlt, versagen dem Mund die Worte. Dieser Ort erfüllt mich mit Demut. Ich könnte schwören, dass der kleine Bergsee eine Seele hat, dass die Natur eine Seele hat, dass sich die meine hier und jetzt mit ihr verbindet. Ich denke an ,Siddhartha‘, wie er dem Wasser schweigend und mit ganzer Hingabe zuhört, bis es ihm seine Geheimnisse preisgibt und das heilige Om zuraunt.

Ich denke an die vielen Wasser, die aus Wäldern und Gebirgen dem Inn zugeströmt waren, wie ich mir die Zeit genommen und sie dabei beobachtet hatte: die Antiesen, Murn, Wildschönauer Ache, den Alpbach, den Ziller, die Sill, die Sanna. Andere Mündungen blieben mir verborgen oder ich kannte ihre Namen nicht.

Nun, wo ich an der Wiege des En stehe, fließen und streben sie immer noch, längst sind die Wasser, die ich unterwegs sah, in Passau eingetroffen oder gar im Schwarzen Meer. Stäubchenweise werden sie verdunsten, die Reise am Himmel fortsetzen und zum Erdboden zurückkehren. Dieser immer während Kreislauf hat weder Anfang noch Ende, und insofern wohl auch keine Vergangenheit und keine Zukunft.

Natürlich denke ich an den Tag, als ich in Passau an der Bugspitze des Mündungssees stand und mir den Quellsee vorzustellen versuchte. Ich denke an Sequenzen meiner Reise, die zurückliegen und mir dennoch nah bleiben werden. Nicht zum ersten Mal stelle ich fest, dass die Intensität meines Empfindens darüber entscheidet, ob Dinge im Bewusstsein bleiben, oder ob sie schnell fortrücken und in Vergessenheit geraten.

Der Lunghinsee hat in der Enge zwischen dem knapp dreitausend Meter hohen Piz Grevasalvas und dem nicht ganz so hohen Piz Lunghin seinen Platz, in einer mäßig ansteigenden Furt, die beim Ova dal Mulin beginnt und sich hinaufzieht zum Pass Lunghin mit seiner Dreifach-Wasserscheide. An diesem magischen Ort werden Meere verbunden, in dem jeder Tropfen, der aus den Wolken fällt, in die ihm bestimmte Richtung gelenkt wird. Von hier nehmen die Wasser über die Julia ihren Weg in die Nordsee, über die Mera ins Adriatische, über den Inn ins Schwarze Meer. Als Inn-Quelle gilt der Pass Lunghin jedoch nicht. Es ist der See, in dem sich die Quellwasser fortlaufend sammeln und überlaufen. Bei trockener, klarer Witterung würde ich bis zur Wasserscheide aufsteigen, die in einer knappen halben Stunde erreichbar ist. Gerne würde ich mich auch auf die Steinplatten setzen und den Blick über den See und sein Panorama schweifen lassen. Dafür ist es aber viel zu kalt, nass und nebelig. So geheimnisvoll und ergreifend es hier ist, so unwirtlich ist es auch.

Stattdessen mache ich mich daran, das schöne pulsierende Herz des En nach Osten zu verlassen. Ein langer Weg erwartet mich. Bei geringem Gefälle wird er mir fortdauernde Ausblicke über das Hochtal schenken, sofern vom Wetter so gewollt. Meine Kniegelenke werden mir die Milde des Abstiegs danken... wenn da nicht die Länge des Weges wäre, eine mehrere Stunden dauernde Wanderschaft.

Der gefürchtete Moment ist also da.

Lunghinsee

Vom Lunghinsee nach Sils Maria

Am Südostzipfel des Sees, wo sich der Ausgangs- punkt des Weges befindet, stehen zwei Männer und schauen zu mir herüber. Ganz auf mich und diesen Ort konzentriert, hatte ich sie nicht be- merkt. Sie fragen, ob ich Fotos von mir wolle und ich reiche die Kamera gerne an einen der beiden weiter. Dieser nimmt die übernommene Aufgabe ernst, sucht nach reizvollen Hintergrundmotiven, drückt mehrmals den Auslöser.

Es stellt sich heraus, dass unser Weg derselbe ist, so dass wir beschließen, ein Stück gemeinsam zu wandern. Wilfrid geht vor, dann folge ich und Emanuel bildet das Schlusslicht.

Sie nehmen mich in die Mitte. Gleich verstehe ich, warum das kein Zufall ist. Die beiden kennen den Panoramaweg und wissen um die Tücke des ersten Abschnitts.

Steil fällt die Bergseite zum Piz Lunghin ab, der schräg geneigte Pfad über geschichtete Felsplat- ten verlangt Vorsicht. Angst habe ich nicht, aber ich bin froh, hier nicht allein unterwegs zu sein.

Kräftig, jedoch nicht unangenehm, drücken sich die Felskanten in die Fußsohlen, das Barfußge- fühl war noch nie so intensiv. Flexibel machen die Gelenke jede Bewegung mit, keine Instabili- tät, das hier ist ein gutes Muskeltraining.

Mit dem Lunghinsee sind auch die Nebel zurück geblieben, der Himmel klart auf, wie es vorhergesagt wurde. Als sich der Pfad gerade ausrichtet und mit einer natürlichen Grasbank aufwartet, schlägt Wilfrid vor, die Einladung anzunehmen und eine Genusspause einzulegen. Hier sitzen wir nebeneinander, hoch oben am steilen Hang und blicken auf die Bergwelt, die sich so unbeschreiblich schön vor uns ausbreitet. Wilfrid schenkt mir einen Nussriegel und dann erzählen mir die beiden die Geschichte von Giovanni.

Im Jahre 1858 wurde in Arco, nördlich des Gardasees, ein Junge geboren. Seine Eltern tauften ihn auf den Namen Giovanni.

Sein Leben als kleiner Bub war schwer - der Vater alkoholkrank, die Mutter jung gestorben. Die Halbschwester, bei der er wohnen sollte, wollte ihn nicht, ja, hasste ihn. So riss der Kleine, sooft sich Gelegenheit bot, aus, lebte auf der Straße, solange, bis eine Erziehungsanstalt sein Zuhause wurde, wo er später den Beruf des Schusters erlernte. In dieser Zeit fügte es sich, dass man das künstlerische Talent des Jungen nicht nur entdeckte, auch förderte. Von da an trugen ihn Leidenschaft und Begabung weiter, bis nach Mailand, wo ihm in der dortigen Kunstakademie ein kreatives Wunder gelang: Er bannte das Licht auf seine Leinwand. Die Methode war genial: Statt die Farben wie üblich zu mischen, setzte er sie in reiner Form wie ein Raster aus Tupfern auf. Bei der Betrachtung des Bildes mit dem nötigen Abstand verschmolzen dann die Farbpunkte ganz natürlich zu dem, was Giovanni darstellen wollte.

So geschah es, dass sich das leidgeprüfte Kind im Laufe seines Lebens zum hochgeachteten Maler entwickelte. Die Rede ist von Giovanni Segantini, der zuletzt im Maloja des Oberengadin - des Engiadin'Ota - lebte und meistens unter freiem Himmel arbeitete. Dort fing er das ungebrochene Licht der Gebirgslandschaft ein, schuf monumentale Werke, darunter sein Alpentriptychon, drei Gemälde, die eine Einheit bilden. Sie tragen die Titel ‚La vita‘, ‚La natura‘, ‚La morte‘.

Werden, Sein, Vergehen.

Emanuel deutet auf das Walddickicht des Bergell, nicht ahnend, dass sich nur elf Tage später an der Piz Cengalo-Nordflanke mehrere Bergstürze hintereinander ereignen sollten. Millionen Kubikmeter Gesteinsmassen werden sich lösen, mit hoher Geschwindigkeit zu Tal wälzen und eine verheerende Bahn durch das Dörfchen Bondo ziehen.

Um vierzehn Uhr lösen wir unser Stell-dich-ein auf und verabschieden einander. Rasch sind die Männer außer Sicht und tauchen auch nach der nächsten Kurve nicht mehr auf. Beide einen Kopf größer als ich, gehen sie erheblich schneller. Wie schön, dass sie mich bis zu unserem Logenplatz begleitet und wir diese Zeit zusammen verbracht hatten!

Niemand überholt mich, niemand kommt mir entgegen. Wohin ich auch blicke, zeigt sich kein menschliches Wesen mehr. Nun bin ich wirklich allein und fühle mich herrlich frei, denke an die schwarze Filmkomödie der Siebziger ‚Harold and Maude', an den blutjungen Harold, wie er nach dem Freitod seiner Freundin Maude zwar allein war, sich aber doch reicher fühlte als vor seiner Begegnung mit der liebenswert verrückten alten Frau. Freiheit und Lebenslust hatte sie ihn gelehrt - ‚gib mir ein L, gib mir ein E, gib mir ein B, gib mir ein E' - LEBE!' hatte sie ausgerufen und ihre kleine Faust in die Luft gestreckt. If you want to be free, be free... there's a million ways to go... welch ein Vermächtnis! Diesen Film hatte ich geliebt und liebe ihn noch heute.

Ich wandere im Sonnenschein hoch über dem Silsersee, der Weg neigt sich sanft über baumlose Almen zu Tal. Ein frischer Wind weht von Norden und zerzaust mir das Haar. Von jenseits des Sees leuchten die Gletscher der Schneeberge herüber, in der Senke des Ova dal Mudin pfeift es.

Soeben sehe ich noch ein pelziges Hinterteil in einem Erdloch verschwinden. Eine Weile sitze ich in der Nähe auf einem Stein, warte, ob sich der Bergbewohner noch einmal zeigt. Leider nicht...

das Murmeltier wittert mich wohl. Ich gebe auf und gehe weiter, die Zeit verstreicht und ich bin noch lange nicht in Sils Maria.

Bald darauf die nächste Tierbegegnung. Wohl-genährte Kühe mit glänzendem Fell und spitzen Hörnern stehen auf meinem Weg wie Statuen und denken nicht daran, aus freien Stücken aus-zuweichen. Ich traue mich nicht, sie zu verscheu-chen, umlaufe sie lieber mit etwas Abstand. Als ich mich später umsehe, haben sie sich gedreht und starren mir in Rindermanier hinterher.

Ich hatte schon darauf gewartet und jetzt ist es in mein Blickfeld gerückt, unten am Berghang liegt es inmitten seiner Alpwiesen: das Dorf Gre-vasalvas, ein winziges Nest alter Häuser, das Jo-hanna Spyri als Vorlage für ihre Heidi-Geschichte diente. Ich würde ihm gern einen Besuch abstat-ten, verzichte aber, weil ich nicht weiß, wie viel Zeit der Bergpfad noch beanspruchen wird.

Stückchenweise kommen mir der Silsersee und Sils Maria näher. Geduldig zieht sich der Weg ab-wärts, hat alle Zeit der Welt und führt nun in die ersten Lärchenwälder hinein. Als ich aus einem von ihnen heraustrete, gelange ich an einen mit großen Steinbrocken bedeckten Hang, die sich so hoch auftürmen, dass nach oben kein Ende zu sehen ist - furchterregend! -, nicht auszudenken, was geschähe, setzte sich der Stapelberg in Bewegung. So prangt auch in Augenhöhe ein Warn-schild: Steinflut! Betreten auf eigene Gefahr.

Und wie könnte ich die Gefahr umgehen? Durch wildes Gelände? Das versuche ich erst gar nicht. Um diesen Wegabschnitt komme ich nicht herum und ich sehe zu, dass er rasch hinter mir liegt.

Ein Blick auf die Uhr: siebzehn Uhr zwanzig!

Verflixt spät. Erst jetzt wird mir klar, dass ich in einen Wettlauf mit der Zeit geraten bin. Ich muss den Wanderpfad unbedingt verlassen, bevor es dunkel wird. Nichtsdestotrotz darf ich in meiner Vorsicht nicht nachgeben, was bedeutet, dass ich das Tempo nicht steigern darf. Keinesfalls werde ich mich zur Eile verleiten lassen, diesen Vorsatz hatte ich ja schon in Passau gefasst. Es bleibt bei meinem langsamen Gehtempo, nur mit Konzen-tration und Ruhe werde ich wohlbehalten in Sils Maria ankommen.

Mir fällt ein, dass ich an der Hotelrezeption mit-geteilt hatte, gegen siebzehn Uhr zurück sein zu wollen - sehr gut! Bleibt zu hoffen, dass man mit der Verständigung der Bergwacht wartet.

Allmählich fangen meine Knie- und Fußgelenke zu schmerzen an - nach fast acht Stunden langer Wanderung! Das Fahrradtraining hat ein Wunder bewirkt.

Achtzehn Uhr…

Ich brauche eine Rast, wage es aber nicht, mei-nen Aufenthalt auf dem Pfad zu verlängern. Erst, als nah unter mir Motoren zu hören sind und eine Bank auftaucht, gestatte ich mir eine Ruhepause. Die verbleibenden Abstiegminuten werde ich ja wohl unfallfrei über die Bühne bringen.

Später quere ich die Straße, über die ich heute morgen mit dem Bus nach Maloja gefahren bin, sehe noch den abendlichen En, der den Silsersee verlassen hat und nun dem Silvaplanersee zueilt.

Danach durchlaufe ich das Dorf, vorbei an den mit Malerei verzierten Engadin-Häusern, entlang der Fedacla zum Hotel Maria. Dort freut man sich, dass ich zurück bin. Eine Verständigung der Bergwacht hat noch niemand in Erwägung gezogen. Die Zeitlängen von Bergwanderungen würden doch recht verschieden ausfallen, nur selten kehrt jemand auf die Stunde genau zurück.

Abend im Oberengadin.

Die Fedacla rauscht in der Dunkelheit, sie bringt das Schmelzwasser des Fexergletschers zum Silvaplanersee. Drüben, auf der anderen Talseite, zeichnet sich schwarz das Gebirge ab. Irgendwo dort verlief mein langer und so fantastischer Panoramaweg. Die Entscheidung war gut gewesen: im kühlen Wetter aufgestiegen, im Sonnenschein hinunter.

Stundenlang könnte ich am Fenster stehen und die Bergnacht in mich aufnehmen. Ich, die Ruhrgebietsfrau, vernehme den Ruf der Alpen an jedem beliebigen Ort. Was sagt man doch gleich über die Liebe? Sie ist da, wo sie hinfällt.

‚Kunst und Liebe gewinnen die Zeit' - lautet die Grabinschrift Segantinis. Schwer erkrankt, bat er seine Angehörigen: ‚Voglio vedere le mie montagne' - Ich möchte meine Berge sehen. Sie hatten ihm diesen Abschied ermöglicht.

Kunst und Liebe überdauern die Zeit, wohingegen ‚Flüchtigkeit und Lieblosigkeit keine Früchte tragen', wie es der Maler formulierte. Während ich dies schreibe, fallen mir die Tage ein, als ich dem Cembalospiel meines Musiklehrers lauschte, mich verzaubert fühlte von den silbrig perlenden Klängen dieses altertümlichen Instruments. Fünfzig Jahre sind seitdem vergangen, Herr Ludwig könnte gestorben sein oder er wäre ein sehr alter Mann. Ob er noch lange Cembalo gespielt hatte, ganz ohne Arthritis? Ich hätte es ihm gewünscht. Sicherlich würde es ihm gefallen, dass ich noch heute an diese Schulstunden denke.

Ja, so habe ich es oft erfahren: Mit Liebe Empfundenes blüht weit in die Zukunft hinein. In dieser Zeit der Flüchtigkeit ist es mir ein Bedürfnis, über alles Kurzlebige hinaus das zu finden, das bei mir bleibt. Wie es diese Reise tun wird - das weiß ich jetzt schon.

Das Leben ist auch eine Reise. Wohin wird sie mich führen?

Paula

2013. Ich klopfte an, drinnen rief jemand ‚Ja, bitte‘, so dass ich die Tür öffnete, allerdings sofort stehenblieb. Dort lag Paula in ihrem Pflegebett.

Flach zeichnete sich ihr hagerer Körper unter der blassgelben Zudecke ab. Aus eigener Kraft konnte sie sich kaum noch bewegen. Sie war hilflos wie ein Neugeborenes, nein, hilfloser.

Meine Kollegin erklärte der alten Frau mit einfachen Worten, was sie zu tun beabsichtigte, dann schlug sie die Bettdecke zurück, um sachte das Nachthemd abzustreifen, bis in Bauchhöhe, damit sich Paula nicht mehr als nötig entblößt fühlte. Nun tauchte die Pflegerin einen Waschlappen in die bereitgestellte Schüssel, drückte ihn aus, reinigte das Gesicht der Frau, dann den Oberkörper. Nach dem Abtrocknen streifte sie das Hemd wieder über, erklärte, was sie nun als nächstes tun würde.

Sie entblößte den Unterkörper, setzte die Wäsche bis zu den Füßen fort. Dabei lächelte sie die Betagte an, erzählte etwas und stellte Fragen, auf die sie gebrabbelte Antworten erhielt. Schwer Demente sprechen keine ganzen Sätze mehr.

Nach Beendigung der Reinigung fuhr meine Kollegin das Kopfteil des Bettes hoch und begann, Paula Milchreis zu reichen. Diese öffnete den Mund nicht von selbst. Sie hatte den Vorgang des Essens vergessen, brauchte also Anleitung und

Ermunterung. Löffel für Löffel nahm sie auf, kaute langsam und schluckte noch langsamer und wurde dabei sorgsam von der Pflegerin beobachtet. Ist die Schluckmechanik gestört, kann die Nahrung leicht in die Luftröhre geraten und es droht akute Erstickungsgefahr.

Eigentlich hatte ich nur ein paar Dinge zu einer Neuaufnahme klären wollen. Aber der unverhoffte Einblick in die Arbeit meiner Kollegin hatte mich derart in Bann gezogen, dass ich den Zeitdruck, unter dem ich stand, für den Moment vergessen hatte. Jetzt besann ich mich wieder auf meine eigenen Aufgaben, zog mich leise zurück, schloss die Tür und stahl mich die Treppe hinunter in mein Büro, froh, dort einige Minuten allein zu sein.

Ich dachte, dass ich meine Arbeit beruhigt fortführen kann: Alten und Kranken ein Heim im besten Sinne des Wortes geben, und ich wünschte mir, eines Tages so gepflegt zu werden: von Händen, die mir meine Würde lassen, von Menschen, die mich mit Achtsamkeit auf dem letzten Weg begleiten.

Kann mir der Glaube, Gottes Kind zu sein und eines Tages zu ihm zurückzukehren, die Furcht vor dem Tod nehmen? Ja. Aber nicht die Furcht vor dem großen Abschied. Die Vorstellung, die Menschen zurücklassen zu müssen, die mir so lieb und teuer sind, tut schrecklich weh. Aber ich darf nicht das Heute zum Maßstab nehmen, ich muss diese Müdigkeit bedenken, die ich während meiner Berufszeit bei vielen alten und sehr kranken Menschen gesehen und mitgefühlt hatte, dieses Einverständnis, das einhergeht mit der weichenden Lebenskraft. Das Leben tut, was es tun muss, für niemanden gibt es eine Ausnahme, und ich frage mich, ob es nicht auch ein Ausdruck von persönlicher Freiheit ist, wenn ich meinen letzten Weg nicht ängstlich, sondern mutig und vertrauensvoll antrete. ‚Wir sollen heiter Raum um Raum durchschreiten, an keinem wie an einer Heimat hängen. Der Weltgeist will nicht fesseln uns und engen, er will uns Stuf' um Stuf' heben, weiten', schrieb Hermann Hesse in seinem viel zitierten Gedicht ‚Stufen'. Mir gefällt der Gedanke, dass es mit uns nicht abwärts, sondern aufwärts geht, bis wir den Gipfel erklommen haben und auf die ganze Welt blicken.

Morgen soll die Reise ihren Abschluss finden. Ich möchte das Waldhaus von Sils Maria besuchen, jenes legendäre Hotel, wo sich der Dichter 1962 zum letzten Mal als Erholungsgast aufgehalten hatte.

Im Waldhaus

Die Sonne übergießt das hohe Tal mit goldenem Licht - geliebte wunderschöne Bergwelt!

Die Wetterfrösche haben sich nicht geirrt, keine Wolke steht am Himmel. Ich freue mich auf diesen letzten Engadin-Tag, singe vor mich hin. Es ist dieses Lied, das ich vor langer Zeit hörte, als ich an einer Ampel auf Grün wartete.

Die Amsel singt, als wäre sie der erste Vogel

So genau erinnere ich mich, dass die Zeit, die seitdem vergangen ist, zu einem Nichts schrumpft. Es war ein sonniger Morgen des Jahres 1973. Ich befand mich auf dem Weg zur Arbeit, das Autoradio lief. An der Kreuzung, an der ich wartete, steht noch heute eine Ampel. Ich erinnere mich auch an die Straße, auf der ich danach entlang fuhr. In diesen Minuten hörte ich das Lied von Cat Stevens zum allerersten Mal: Morning has broken like the first morning, blackbird has spoken like the first bird. Praise for the singing, praise for the morning...

Wenn ich sage, dass ich noch weiß, wie sehr mir die ersten Zeilen und die Melodie gefielen, wäre das untertrieben. Der Song war für mich so überraschend und großartig wie die Eichelhäherfeder, die ich als Kind auf dem Waldboden fand, und die

Freude darüber kann ich empfinden wie damals. Ich muss nur die Augen schließen, alles ausblenden, was mich umgibt, und sie ist wieder da. Der Morgen bricht an, als wäre er der erste Morgen, die Amsel singt, als wäre sie der erste Vogel...

Wie jeden Tag frühstücke ich allein am Tisch.

Neben mir, nur einen Meter entfernt, sitzt ein neuer Gast, eine Frau. Sie stammt aus Fernost, aus welchem Land, kann ich so wenig bestimmen wie ihr Alter, vielleicht um die Fünfzig? Auf ihrem Teller liegen weder Fleisch noch Käse, stattdessen Früchte, Gemüse, eine bescheidene Menge Brot, Konfitüre und Honig. In der Tasse, die sie zum Mund hebt, glänzt ein grüner Tee.

Eine Weile essen wir schweigend vor uns hin. Ich spüre, dass das nicht lange so bleiben wird - ein Gespräch liegt in der Luft.

Keiko fängt an. Mit einer in holprigem Englisch formulierten Small-Talk-Bemerkung, nicht ohne mich liebenswürdig anzulächeln.

Sie stammt aus Japan und befindet sich auf großer Reise durch die Schweiz und durch Deutschland. Mit ihrer Tochter sei sie auch nach Schleswig-Holstein gefahren, um mit ihrer Tochter das Heavy-Metal-Open-Air in Wacken zu erleben. Bei diesem Wort kichert sie, in japanischen Ohren klingt es anscheinend lustig. Wir blödeln ein bisschen herum und wiederholen im Chor: Wacken, Wacken... Sie hat recht, es klingt wirklich witzig.

Keiko sagt, dass sie ‚Germany' liebe, unter anderem wegen der vielen Dichter, sie sei eine Verehrerin deutscher Literatur, viele Werke gäbe es zum Glück in japanischer Übersetzung. Während ihrer Reise habe sie in Würzburg die Grabstätte des Lyrikers Walther von der Vogelweide besucht und das Hesse-Museum im Montagnola des Tessins. Sie werde die Erinnerungen an diesen Sommer stets im Herzen tragen, gibt sie zu verstehen und legt sich die Hand auf die Brust. Als ich ihr erzähle, ein Buch über meine Inn-Reise schreiben zu wollen, zückt sie so blitzartig ihr Telefon, wie ich noch nie jemanden habe sein Telefon zücken sehen - und schießt ein Bild von mir.

Soll ich nun darüber lachen oder weinen?

Bis zum späten Mittag verbringe ich die Zeit mit Schreiben und Lesen.

Dann mache ich mich auf zum Hotel Waldhaus.

Unterwegs spreche ich ein älteres Paar an und erkundige mich nach der Zufahrtsstraße. Wieder einmal mache ich die Erfahrung, dass ältere Leute eher zu einer Unterhaltung bereit sind als jüngere, was vielleicht nur daran liegt, dass sie mehr Zeit und Muße haben. Alois und Annalis sind zugewandte Menschen und, wie sich rasch herausstellt, leidenschaftliche Leser und Sils-Bewohner.

Ich erzähle von meiner Reise und dass ich hoffe, hier ein wenig auf den Spuren Hesses wandeln zu dürfen, was uns natürlich zu ‚Siddhartha‘ und anderen Hesse-Schöpfungen führt. Als ich gestehe, mit dem ‚Glasperlenspiel‘ als junge Frau überfordert gewesen zu sein und seitdem keinen neuen Leseversuch unternommen zu haben, lachen sie herzlich und bestätigen, dieses Werk habe auch ihnen viel Geduld abverlangt.

Es ist ein gemütlicher Spaziergang den Berg hinauf, hinein in einen Wald voll riesiger Bäume.

Und da ist es, das Waldhaus... eher ein Schloss oder eine Burg. Hoch ragt es mit Erker, Turm und Zinnen auf. Das Gebäude sieht so herrschaftlich und ehrwürdig aus, dass ich mich frage, was ich hier eigentlich will. Waldhaus! Der Name ist irreführend. Ich war ja auf Grund meiner Recherche auf etwas Besonderes gefasst, aber ein Schloss hatte ich nicht erwartet, und nun fühle ich mich gehemmt und zögere. Will ich wirklich hinein?

Ja! Ich möchte Hesse ‚begegnen‘ und verstehen, was dieses Hotel so besonders macht, vom Äußeren und vom Standort mal abgesehen. Werde ich hier eine Verbindung zu meiner Reise, insbesondere zu meiner inneren Reise finden?

Friedrich Nietsche begründete die Bekanntheit von Sils Maria. Obgleich er es vorzog, unten im Dorf zu leben und zu arbeiten, folgten ihm viele außergewöhnliche Persönlichkeiten ins Engadin und hierher ins Waldhaus.

Ich nehme meinen Mut zusammen und trete durch die Drehtür ein. Gleich in der Empfangshalle umfängt mich eine erstaunliche Ruhe, ja mehr noch: ein Frieden. Die Welt ist draußen geblieben, als hätte ich mich in eine Kirche begeben. Wo ist das Pompöse, das man an einem solchen Ort erwartet? Es hängt zwar ein riesiger Kronleuchter an der schwindelerregend hohen Decke, aber das ist auch alles. Edeldesign, Glamour und Glitzer suchen meine Augen vergeblich. Was ich jedoch wahrnehme, ist eine zurückhaltende, alt-ehrwürdige Eleganz.

Ich wende mich an einen der bereitstehenden Concierges und frage, ob es erlaubt sei, das Haus zu besichtigen, und wo ich danach einen Kaffee zu mir nehmen könne. Es ist gestattet, allerdings nur im Parterre, den gewünschten Kaffee gäbe es auf der Waldterrasse am rückwärtigen Gebäude.

Und so bummle ich durch das Waldhaus, durch seine Säle, über die mit Teppichläufern ausgelegten Flure, in denen hinter verglasten Schranktüren ledergebundene Bücher stehen, deren Autorennamen und Titel ich trotz großen Bemühens nicht entziffern kann.

Im Flur stoße ich auf zwei große gerahmte Informationstafeln, die einen Einblick in die Philosophie des Waldhauses und in seine Geschichte geben. Ich lese alles aufmerksam durch.

Man wahrt den Charakter des Hauses, nicht aus nostalgischem Ansinnen, sondern um die Zeit zu hüten. In den Sog des Größer, Weiter, Moderner will man sich nicht ziehen lassen. Im Waldhaus wird die Kultur des Oberengadin gepflegt, mehr noch: Es ist selbst Kulturgeschichte, wobei dieser Anspruch nur deshalb umsetzbar ist, weil es als Familienbetrieb - bereits in der fünften Generation - an niemanden sonst gebunden ist.

Anregt durch die beiden Schautafeln, erwerbe ich im an das Foyer grenzenden Büro ein Lesebuch mit gesammelten Kurzgeschichten zum mythenreichen Waldhaus.

Auf meinem weiteren Rundgang betrete ich einen Saal. Er verfügt über nach außen zu öffnende Flügeltüren und ist komplett mit Sesselgruppen gefüllt, die um ovale und runde Couchtische angeordnet sind. Hier bin ich allein und habe meinen Rückzugsort gefunden.

Meine Wahl fällt auf einen an der Wand stehenden schweren Sessel, dessen Velours keineswegs schäbig, gleichwohl das Alter anzusehen ist. Hier klappe ich das Buch auf und fange zu lesen an.

Ich sehe sie vor mir, die Wissenschaftler und Intellektuellen, Dichter und Künstler des zwanzigsten Jahrhunderts: Marc Chagall, Claude Chabrol,

Vivien Leigh, Carl Gustav Jung, Thomas Mann...
um nur fünf der Persönlichkeiten zu nennen, die
in diesem Raum logierten, wie sie im Rauch der
Zigarren diskutierten und sich austauschten.

Und wer mag jetzt gerade in einem der Zimmer
der oberen Etagen zu Gast sein? Meine Neugier
wird nicht befriedigt werden. Ich muss mich mit
einem Hinweis aus meinem Lesebuch begnügen,
in dem einer der Autoren die Vermutung äußert,
ein bestimmter, international bekannter männlicher Popstar suche beizeiten im Waldhaus inneren Frieden. Das Hotel ist nicht nur eine Festung
der Ruhe und eine Insel im Treiben der Zeit, auch
ein geschützter Ort. Jeder darf hier Mensch sein,
unterschlüpfen und seine Prominenz eine Weile
vergessen.

Mit hoher Wahrscheinlichkeit hatte sich in diesem Saal der Dichter meiner jungen Jahre aufgehalten, das letzte Mal im Jahre 1962, als ich die
dritte Schulklasse besuchte und noch nichts von
ihm wusste. Ich stelle mir vor, wie Hermann Hesse dort drüben am Fenster saß. Auch er hatte gelegentlich das Bedürfnis, Plätze wie diese aufzu-
suchen, wo er Gedanken sammeln, reflektieren
und entwickeln konnte, um sie schließlich in seiner poetischen Sprache in Worte zu fassen. Außer ihm hat hier manch ein Gast in seine schwarze Schreibmaschine gehämmert.

‚Wer die Welt begreifen oder zumindest versuchen will, dies zu tun, muss in Distanz zu ihr treten‘, habe ich gerade irgendwo im Flur gelesen. Vermutlich fühlt man sich geordneter und geerdeter, hat man hier gewohnt, denn das Haus regt wahrlich nicht zur Oberflächlichkeit an, selbst als kurzzeitiger Gast spüre ich die Tiefe, die es vermittelt.

Ein Concierge schaut zur Tür herein. Sein Blick trifft mich und sofort zieht er sich zurück. Ich bin ihm dankbar dafür.

So klar und getrübt, so frisch und verbraucht, so ruhig und dramatisch, so krank und gesund, so reguliert und frei wie ein Fluss kann auch ein Menschenleben sein. Wie er strebt es unaufhaltsam auf das eine Ziel zu und ist am Ende des Weges um ein Vielfaches größer, an Erlebtem reicher. ‚Da sah ich mein Leben an und es war auch ein Fluss‘, sagt ‚Siddhartha‘... und Empfindungen, die auch Erinnerungen Seele geben, kommen zurück, so leicht, als hätten sie sich nie von mir entfernt - wundervolle und innige, aber auch traurige und quälende.

Das Leiden des kleinen Andy hat mich so wenig verlassen, wie die Leiden anderer Kinder, denen ich begegnete. Das Sterben meiner Mutter ist bei mir geblieben und die Fassungslosigkeit, als ich die Nachricht zum plötzlichen Tod meines Neffen

erhielt. Ich fühle noch die Angst um meine drei-
jährige Tochter, als sie lebensbedrohlich erkrankt
war, die grenzenlose Dankbarkeit, die ich gegenüber dem Ärzteteam empfand, das ihr das Leben
und die Gesundheit rettete.

Ich weiß noch, wie es sich anfühlte, meinen Kindern beim Schlafen zuzusehen, ihre kleinen Hände zu küssen, die den Tag über so unermüdlich
gespielt hatten. Ich höre das Klappern ihrer Bau-
steine, spüre ihre Körper sich warm und grenzenlos vertrauend in meinen Schoß schmiegen. Und
ab und zu bin ich selbst das kleine Mädchen von
einst, wenn es gelingt, für einen Augenblick dieses Zauberfenster zu öffnen, das mir meine kindliche Sicht auf die Welt zurückgibt.

Noch einmal kann ich die mädchenhafte Vereh-
rung für Paul McCartney spüren, die Sehnsucht,
die ‚Massachusetts' in mir weckte. Die Schönheit
der Berge trage ich in mir, die Stimmen des Flusses, und immer wieder Momente selbstvergesse-
ner Lebenslust... alles fließt zu mir zurück. Dinge
geschehen, treten in den Hintergrund und können doch mit einem Fingerschnippen gegenwärtig sein - ein unerschöpfliches Reservoir an Empfindungen, ein niemals zu plündernder Schatz.

Und dann kann es am Ende des Lebens passieren, dass bestimmte Dinge überhaupt nicht mehr
zurücktreten und zur neuen Gegenwart werden,
so, als schlösse sich ein Kreis.

Neben Paula kannte ich auch eine Frau namens Gertrud. 1920 hatte sie als jüngstes von sieben Geschwistern das Licht der Welt erblickt und nun war sie eine Greisin, für die die Vergangenheit zunehmend an Bedeutung gewann, bis sie eines Tages ganz in der Welt ihrer Kindheit angekommen war. Die Zukunft interessierte sie gar nicht mehr. Einmal erlebte ich, wie sie ihr Spiegelbild betrachtete und fragte: Wer ist das? Ich antwortete: Sie sind das. Nein, widersprach sie, das bin ich nicht, die Frau ist ja furchtbar alt. Ich führte sie zu einer Wand ihres Zimmers und zeigte ihr das verblichene Foto, das dort hing. Darauf war sie als Mädchen mit Schürze und Zöpfen zu sehen. Als sie es sah, atmete sie erleichtert auf und sagte: Ja, das bin ich.

Nun habe ich einen Stuhl auf der Waldterrasse ergattert, die ihrem Namen Ehre macht und zu drei Seiten von Bäumen umgeben ist. Zum Cappuccino hat man mir sehr süße Bündner Nusstorte serviert.

Eine Wespe krabbelt mit rastlos tastenden Fühlern torkelnd zur Tischkante hin, stürzt kopfüber hinunter - aus einer Höhe vom fast Zweihundertfachen ihrer Größe - und setzt ihren Weg tapfer am Boden fort. In meine Beobachtung vertieft, zucke ich zusammen, als mich jemand anspricht: „Verzeihung, Madame, ist der noch frei?" fragt ein junger hübscher Mann, lächelt und zeigt auf den Stuhl neben mir. Als ich bestätige, nimmt er ihn mit. In diesem Moment setzt hinter mir jazzige Live-Musik ein - Trompete, Querflöte, Piano -, die kleine Bühne am Rand der Terrasse hatte ich nicht bemerkt. Zwei Frauen fangen zu singen an: Sinatras ‚My way‘.

O mein Gott! Muss das sein? Dieser Song ist mir schon immer ans Herz gegangen, als kämpfte ich hier nicht genug gegen meine Tränen an! Ich bin an einem öffentlichen Ort und diesmal nicht allein - nebenan lächelt eine Frau, die ich aus dem Fernsehen kenne, eine Schauspielerin? Ach nein, es ist eine Nachrichtensprecherin... oder nicht? Ihr Name liegt mir auf der Zunge... ach, egal. Wie halte ich dieses Glücksgefühl nur aus?

Gabi, benimm dich, weine nicht und starre nicht zum Nachbartisch. Wenn dir danach zumute ist, lache die Gäste, nicht die Kuchengabel an. Ja, ja, wer allein lebt, wird komisch, mitunter auch melancholisch, trotzdem verzichtest du jetzt darauf, stumm die Lippen zu bewegen. Und deine Selbstgespräche führst du erst, wenn kein Zuhörer in der Nähe ist.

So sitze ich einfach nur da und kann nicht glauben, was die Frauen gerade singen: ‚Ich tat, was ich tun musste, habe alles zu Ende gebracht. Ich plante jedes Vorhaben sorgfältig - und mehr als das: Ich hab's auf meine Art getan.‘

Nicht immer war ich während meiner Reise und der Entstehung des Buches allein, daher gilt mein Dank Euch allen,

... die Ihr mir unterwegs weitergeholfen, den Weg gewiesen, ‚menschliche Gesellschaft‘ geschenkt hattet.

... die Ihr ein lebhaftes Interesse an meiner Geschichte hattet und Gedanken dazu mit mir teiltet.

... die Ihr das Buchmanuskript testweise gelesen habt!

Mein Dank gilt Dir...

... Wolfgang, für Deinen Segen.

... Ingrid, für Dein Lektorat.

... Ludger Zens, für das fabelhafte Fahrrad, das Du mir empfahlst und das ich in Deinem Laden kaufte.

... Steffi, für Deine Malerei, die Lupina daraus machte.

... Renate, für die Aquarellbilder des Buchumschlags und des Buchblocks.

... Lara, für die Reproduktionen dieser Bilder.

... Julian, für alle Grafikarbeiten.

... Papa, für Dein Mitdenken, Deinen Ansporn und die fruchtbaren Erziehungsexperimente.

... Mutti, für alles. Du warst die, die auf mich Acht gegeben und mir in Wasserburg alle Schmerzen genommen hatte.

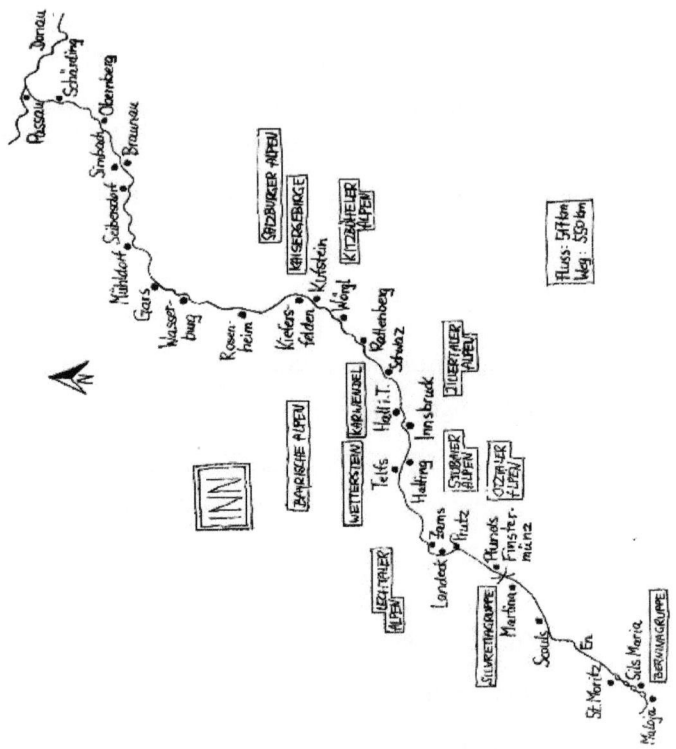

Passau
Donau
Schärding
Simbach
Mühldorf
Salzedorf
Oberberg
Braunau
Gars
Wasser-
burg
Rosen-
heim
SALZBURGER ALPEN
KAISERGEBIRGE
Kiefers-
felden
Kufstein
Wörgl
KITZBÜHELER ALPEN
Rothenberg
Schwaz
BAYRISCHE ALPEN
WETTERSTEIN
KARWENDEL
Hall i.T.
Innsbruck
STUBAITALER ALPEN
Telfs
Halling
STUBAIER
ALPEN
ÖTZTALER
ALPEN
INN
ÖTZTALER
ALPEN
Landeck
Zams
Prutz
Pfunds
Finster-
münz
Martina
SILVRETTAGRUPPE
Scuol
En
BERNINAGRUPPE
St. Moritz
Sils Maria
Maloja
Fluss: 517 km
Weg: 550 km